道路桥梁与渡河工程实验教学示范中心

道路工程材料实验指导书

师 阳 邵丽霞 主编

西安交通大学出版社
XI'AN JIAOTONG UNIVERSITY PRESS

图书在版编目(CIP)数据

道路工程材料实验指导书/师阳,邵丽霞主编. ——西安:西安交通大学出版社,2015.10(2022.2重印)
ISBN 978-7-5605-7965-8

Ⅰ.①道… Ⅱ.①师… ②邵… Ⅲ.①道路工程-建筑材料-材料试验-高等学校-教学参考资料 Ⅳ.①U414

中国版本图书馆 CIP 数据核字(2015)第 223998 号

书　　名	道路工程材料实验指导书
主　　编	师　阳　邵丽霞
责任编辑	王　欣
出版发行	西安交通大学出版社 (西安市兴庆南路1号　邮政编码 710048)
网　　址	http://www.xjtupress.com
电　　话	(029)82668357　82667874(发行中心) (029)82668315(总编办)
传　　真	(029)82668280
印　　刷	西安日报社印务中心
开　　本	787mm×1092mm　1/16　印张 10.375　字数 247千字
版次印次	2015年10月第1版　2022年2月第9次印刷
书　　号	ISBN 978-7-5605-7965-8
定　　价	19.80元

读者购书、书店添货,如发现印装质量问题,请与本社发行中心联系、调换。
订购热线:(029)82665248　(029)82665249
投稿热线:(029)82664954　QQ:1410465857
读者信箱:1410465857@qq.com

版权所有　侵权必究

Foreword 前言

　　道路工程材料是一门应用技术基础课,其任务是根据专业发展方向和培养目标,配合专业课教学,传授公路工程常用材料的组成结构、工程性质、检验方法及保管、运输等方面的知识。而道路工程材料实验是该课程重要的教学环节,是实现由感性认识到理性认识提升的重要过程。近年来,为了适应学校实验中心快速建设发展、课程加速革新的新形势,根据教学大纲的要求,我们编写了《道路工程材料实验指导书》,力求使学生系统完整地完成实验内容,以期达到更加良好的教学效果。

　　本书主要分为基本实验和实验报告两个部分。基本实验部分包含集料、水泥、混凝土、沥青和沥青混合料等主要道路工程材料的五大类实验,共计 27 个实验,主要包括实验目的与适用范围、实验仪器和器材、实验内容和步骤、实验数据处理和注意事项等内容。实验报告部分除基本的报告内容外,根据实际教学经验添加了大量实验思考题,供学生课后思考和巩固课程内容。

　　编者在长安大学公路学院所用的自编讲义《道路建筑材料实验指导书》的基础上,根据现行国家标准和最新规范进行认真地修订补充,尤其是水泥强度检验方法与国际标准接轨,使内容有较大的更新。此外,此次编写对全书的系统性和各实验之间的衔接也作了较大的调整,更加方便教学计划的安排以及满足教学过程的实际需求。

　　本书在编写过程中得到长安大学实管处、公路学院的大力支持和帮助,在此表示衷心的感谢。

　　由于编者水平有限且编写时间仓促,书中难免存在疏漏和不当之处,请读者批评指正。

编　者
2015 年 6 月

Contents 目录

绪 论 ………………………………………………………………………………………………（1）

第一部分 基本实验

第一章 砂石材料技术性质 ……………………………………………………………………（3）
- 实验一 水泥混凝土用粗集料针、片状颗粒含量实验（规准仪法） ………………（4）
- 实验二 粗集料针、片状颗粒含量实验（游标卡尺法） ……………………………（7）
- 实验三 粗集料磨耗实验（洛杉矶法） ………………………………………………（10）
- 实验四 粗集料压碎值实验 ……………………………………………………………（13）
- 实验五 岩石单轴抗压强度实验 ………………………………………………………（15）
- 实验六 粗集料密度实验（网篮法） …………………………………………………（18）
- 实验七 细集料表观密度实验（容量瓶法） …………………………………………（21）
- 实验八 细集料筛分实验 ………………………………………………………………（23）
- 实验九 粗集料堆积密度及空隙率实验 ………………………………………………（27）
- 实验十 细集料堆积密度及紧装密度实验 ……………………………………………（30）

第二章 水泥的技术性质 ………………………………………………………………………（33）
- 实验一 水泥凝结时间实验 ……………………………………………………………（34）
- 实验二 水泥体积安定性实验（雷氏夹法） …………………………………………（37）
- 实验三 水泥细度实验 …………………………………………………………………（39）
- 实验四 水泥标准稠度用水量实验 ……………………………………………………（41）
- 实验五 水泥胶砂强度实验（ISO法） ………………………………………………（43）

第三章 水泥混凝土配合比实验 ………………………………………………………………（49）
- 实验一 水泥混凝土试件制作及拌和物坍落度实验 …………………………………（50）
- 实验二 水泥混凝土立方体抗压强度实验 ……………………………………………（54）

第四章 沥青的技术性质 ………………………………………………………………………（57）
- 实验一 沥青标准黏度实验 ……………………………………………………………（58）
- 实验二 沥青布氏旋转黏度实验 ………………………………………………………（60）

  实验三 沥青针入度实验 ·· (63)
  实验四 沥青延度实验 ·· (66)
  实验五 沥青软化点实验(环球法) ·· (69)

第五章 沥青混合料设计实验 ·· (73)
  实验一 沥青混合料理论最大相对密度实验(真空法) ································ (74)
  实验二 沥青混合料车辙实验 ·· (79)
  实验三 沥青混合料试件制作(击实法) ·· (84)
  实验四 沥青混合料试件密度实验(表干法) ·· (88)
  实验五 沥青混合料马歇尔稳定度实验 ·· (91)

第二部分 实验报告

砂石材料技术性质 ·· (93)
  实验一 水泥混凝土用粗集料针、片状颗粒含量实验(规准仪法) ············ (93)
  实验二 粗集料针、片状颗粒含量实验(游标卡尺法) ································ (95)
  实验三 粗集料磨耗实验(洛杉矶法) ·· (97)
  实验四 粗集料压碎值实验 ·· (99)
  实验五 岩石单轴抗压强度实验 ·· (101)
  实验六 粗集料密度实验(网篮法) ·· (103)
  实验七 细集料表观密度实验(容量瓶法) ·· (105)
  实验八 细集料筛分实验 ·· (107)
  实验九 粗集料堆积密度及空隙率实验 ·· (109)
  实验十 细集料堆积密度及紧装密度实验 ·· (111)
  砂石材料技术性质实验思考题 ·· (113)

水泥的技术性质 ·· (115)
  实验一 水泥凝结时间实验 ·· (115)
  实验二 水泥体积安定性实验(雷氏夹法) ·· (117)
  实验三 水泥细度实验 ·· (119)
  实验四 水泥标准稠度用水量实验 ·· (121)
  实验五 水泥胶砂强度实验(ISO法) ·· (123)
  水泥的技术性质实验思考题 ·· (125)

水泥混凝土配合比实验 ·· (127)
  实验一 水泥混凝土试件制作及拌和物坍落度实验 ·································· (127)
  实验二 水泥混凝土立方体抗压强度实验 ·· (129)

水泥混凝土配合比实验思考题 ……………………………………………… (131)

沥青的技术性质 ……………………………………………………………… (133)
　　实验一　沥青标准黏度实验 ……………………………………………… (133)
　　实验二　沥青布氏旋转黏度实验 ………………………………………… (135)
　　实验三　沥青针入度实验 ………………………………………………… (137)
　　实验四　沥青延度实验 …………………………………………………… (139)
　　实验五　沥青软化点实验(环球法) ……………………………………… (141)
　　沥青的技术性质实验思考题 ……………………………………………… (143)

沥青混合料设计实验 ………………………………………………………… (145)
　　实验一　沥青混合料理论最大相对密度实验(真空法) ………………… (145)
　　实验二　沥青混合料车辙实验 …………………………………………… (147)
　　实验三　沥青混合料试件密度实验(表干法) …………………………… (149)
　　实验四　沥青混合料试件制作(击实法) ………………………………… (151)
　　实验五　沥青混合料马歇尔稳定度实验 ………………………………… (153)
　　沥青混合料设计实验思考题 ……………………………………………… (157)

绪　论

一、实验课程的目的

本实验教学课程的目的一是验证基本理论,学习实验方法,了解基本原理,掌握操作技能,完成设计实验任务;二是使学生理解、消化理论教学知识,提高其动手操作、处理实验数据、分析实验结果、编写实验报告的能力,培养学生从事科学研究的能力和严谨缜密的科学态度,以适应工程一线的要求。

二、实验课程的内容

实验课程包含集料、水泥、混凝土、沥青和沥青混合料等主要道路工程材料的五大类实验,共计 27 个实验。每个实验主要包括实验目的与适用范围、实验仪器和器材、实验内容和步骤、实验数据处理和注意事项等内容。

三、实验课程的要求

1. 课前预习

(1)实验课不同于理论课,在做实验前一定要认真预习,预习的好坏直接关系到实验的成败。在进行每项实验前,学生首先必须熟练掌握道路工程材料课程中的理论部分知识,熟知每种材料的技术性质和路用性质。

(2)认真阅读实验指导书,明确实验的目的与原理,了解实验所需的仪器装置及其使用方法,清楚实验如何进行,需要获得哪些数据,需要注意哪些事项等。

2. 遵守实验室制度

(1)学生必须在规定的时间内进入实验室。按指定小组到位,听教师讲解实验要求和操作注意事项。

(2)爱护仪器和设备,实验过程中应严格遵守操作规程。实验时,不做与本实验无关的事。如遇仪器设备发生故障,应及时报告实验教师,不得自行拆卸。

(3)实验结束后,必须切断电源、水源,清点仪器和设备,使其恢复到原位。

3. 课内操作

(1)认真听教师讲解。

(2)实验开始前,检查设备仪器是否完好,工具是否齐全,材料器材是否符合要求,若有问题应立即报告实验教师,由实验教师做好记录。

(3)所有实验操作项目,学生必须在指导下独立完成。实验过程中应严肃认真,一丝不苟,即使一些操作简单的实验也不例外。小组实验做到分工明确,相互交流,使每个人都能亲自动手,共同完成实验环节。

(4)实验过程中要理论联系实际,手脑并用,边做边思考,仔细观察实验现象,完整记录所有数据,注意数据的有效数字和单位;做到实事求是,对实验结果做出真实、正确的分析判断。

(5)对实验过程中出现的问题和异常情况应及时向老师报告,并且在此过程中注意采取防护措施,确保人身安全。

4. 完成实验报告

实验报告是对实验课程的书面总结,撰写实验报告是学生必备的能力之一。学生首先应完整分析整个实验过程,切忌不动脑筋去抄教材,应有自己的分析和观点。

实验报告一般应包括以下几项内容:

(1)实验名称、实验日期、实验者;

(2)实验目的与原理;

(3)实验仪器;

(4)实验步骤;

(5)实验数据及其分析:包括原始数据的记录表格、数据的运算过程,以及误差分析,必要时应将所得结果绘成曲线或给出经验公式。

(6)课后思考题。

实验报告要用统一的实验报告页书写,字体要工整,语言简明。提交报告时需附上原始数据单,不得抄袭他人或他组的实验结果,否则实验报告无效。

第一部分 基本实验

第一章

砂石材料技术性质

参考标准:《公路工程集料试验规程》
(JTG E42—2005)
《公路工程岩石试验规程》
(JTG E41—2005)

实验一　水泥混凝土用粗集料针、片状颗粒含量实验（规准仪法）

实验二　粗集料针、片状颗粒含量实验（游标卡尺法）

实验三　粗集料磨耗实验（洛杉矶法）

实验四　粗集料压碎值实验

实验五　岩石单轴抗压强度实验

实验六　粗集料密度实验（网篮法）

实验七　细集料表观密度实验（容量瓶法）

实验八　细集料筛分实验

实验九　粗集料堆积密度及空隙率实验

实验十　细集料堆积密度及紧装密度实验

实验一　水泥混凝土用粗集料针、片状颗粒含量实验(规准仪法)

一、实验目的

用规准仪法测定水泥混凝土使用的 4.75 mm 以上粗集料的针状及片状颗粒含量,以百分率计。本方法测定的针片状颗粒,是指利用专用的规准仪测定的粗集料颗粒的最小厚度(或直径)方向与最大长度(或宽度)方向的尺寸之比小于一定比例的颗粒。测定的粗集料中针片状颗粒的含量,可用于评价集料的形状和抗压碎的能力,以评定其在工程中的适用性。

二、仪器设备

(1)水泥混凝土集料针、片状规准仪(见图 1-1-1)的尺寸(见图 1-1-2 和图 1-1-3)应符合表 1-1-1 的要求。

表 1-1-1　水泥混凝土集料针、片状颗粒实验的粒级划分及其相应的规准仪孔宽或间距

粒级(圆孔筛)/mm	4.75～9.5	9.5～16	16～19	19～26.5	26.5～31.5	31.5～37.5
针状规准仪上相对应的立柱之间的间距/mm	17.1 (B_1)	30.6 (B_2)	42.0 (B_3)	54.6 (B_4)	69.6 (B_5)	82.8 (B_6)
片状规准仪上相对应的孔宽/mm	2.8 (A_1)	5.1 (A_2)	7.0 (A_3)	9.1 (A_4)	11.6 (A_5)	13.8 (A_6)

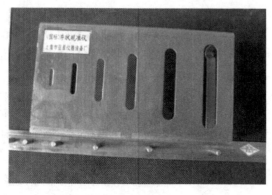

图 1-1-1

(2)天平或台秤:感量不大于称量值的 0.1%。

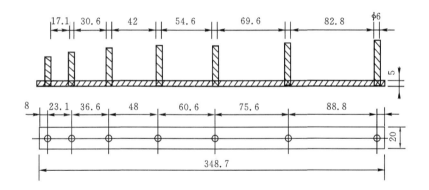

图 1-1-2 针状规准仪(尺寸单位:mm)

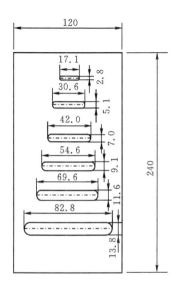

图 1-1-3 片状规准仪(尺寸单位:mm)

(3)标准筛:孔径分别为 4.75 mm、9.5 mm、16 mm、19 mm、26.5 mm、31.5 mm、37.5 mm,实验时根据需要选用。

三、实验步骤

(1)将来样在室内风干至表面干燥,并用四分法缩分至满足下表规定的质量,称量(m_0),然后筛分成表 1-1-2 所规定的粒级备用。

表 1-1-2 针、片状试验所需的试样最小质量

公称最大粒径/mm	9.5	16.0	19.0	26.5	31.5	37.5
试样最小质量/kg	0.3	1	2	3	5	10

(2)按表 1-1-2 所规定的粒级用规准仪逐粒对试样进行鉴定,凡颗粒长度大于针状规准

仪上相应间距者,为针状颗粒;厚度小于片状规准仪上相应孔宽者,为片状颗粒。

(3)称量由各粒级挑出的针状和片状颗粒的总量(m_1)。

四、结果整理

(1)试样针、片状颗粒含量计算

$$Q_e = \frac{m_1}{m_0} \times 100\%$$

式中:Q_e——试样的针、片状颗粒含量,%;

m_1——试样中所含针、片状颗粒的总质量,g;

m_0——试样总质量,g。

(2)数据记录表。

针、片状颗粒含量试验记录表

试验日期: 年 月 日

试样名称			试样编号		
试样总质量/g	粒级/mm	各粒级质量/g	各粒级针、片状颗粒质量/g	试样针、片状颗粒总质量/g	试样针、片状颗粒含量/%
①	②	③	④	⑤	⑥=⑤/①
	4.75~9.5				
	9.5~16				
	16~19				
	19~26.5				
	26.5~31.5				
	31.5~37.5				

五、注意事项

(1)沥青路面用粗集料的细长扁平颗粒含量采用游标卡尺法进行测定。

(2)沥青路面用粗集料的细长扁平颗粒厚度与长度之比为1∶3,而水泥混凝土用粗集料针片状颗粒厚度与长度之比为1∶6。

实验二　粗集料针、片状颗粒含量实验（游标卡尺法）

一、实验目的

用游标卡尺法测定粗集料的针状及片状的颗粒含量,以百分率计算。本方法测定的针片状颗粒,是指用游标卡尺测定的粗集料颗粒的最大长度（或宽度）,方向与最小厚度（或直径）方向的尺寸之比大于 3 的颗粒,有特殊要求采用其他比例时,应在实验报告中注明。本方法测定的粗集料中针、片状颗粒的含量,可用于评价集料的形状和抗压碎能力,以评定生产厂的生产水平及该材料在工程中的适用性。

二、仪器设备

(1)标准筛:方孔筛 4.75 mm。
(2)游标卡尺:精密度为 0.1 mm。
(3)天平:感量不大于 1 g。

三、实验步骤

(1)采集粗集料试样。
(2)按分料器法或四分法选取 1 kg 左右的试样。对每一种规格的粗集料,应按照不同的公称粒径分别取样检验。
(3)用 4.75 mm 标准筛将试样过筛,取筛上部分供实验使用,称取试样的总质量 m_0（准确至 1 g）,试样数量应不小于 800 g,并不少于 100 颗。
(4)将试样平摊于桌面上,首先目测挑出接近立方体的颗粒,剩下可能属于针状（细长）或片状（扁平）的颗粒。
(5)按图 1-2-1 所示的方法将欲测量的颗粒放在桌面上成一稳定的状态,图中颗粒平面方向的最大长度为 L,侧面厚度的最大尺寸为 t,颗粒最大宽度为 $\omega(t<\omega<L)$。用卡尺逐颗测量石料的 L 及 t,将 $L/t \geqslant 3$ 的颗粒（即最大长度方向与最大厚度方向的尺寸之比大于 3 的颗粒）分别挑出作为针、片状颗粒。称取针、片状颗粒的质量准确至 1 g。

四、结果整理

(1)试样针、片状颗粒含量计算:

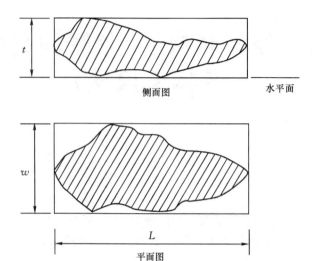

图 1-2-1

$$Q_e = \frac{m_1}{m_0} \times 100\%$$

式中：Q_e——试样的针、片状颗粒含量，%；

m_1——试样中所含针、片状颗粒的总质量，g；

m_0——试样总质量，g。

（2）数据记录表。

针、片状颗粒含量试验记录表

试验日期：　　年　　月　　日

试样名称			试样编号		
试样总质量/g	粒级/mm	各粒级质量/g	各粒级针、片状颗粒质量/g	试样针、片状颗粒总质量/g	试样针片状颗粒含量/%
①	②	③	④	⑤	⑥=⑤/①
	4.75～9.5				
	9.5～16				
	16～19				
	19～26.5				
	26.5～31.5				
	31.5～37.5				

五、注意事项

（1）稳定状态是指平放的状态，不是直立状态；侧面厚度的最大尺寸 t 为图 1-2-1 上图所示状态的颗粒顶部至平台的厚度，是在最薄的一个面上测量得到的，但并非颗粒中最薄部位的厚度。

(2)如果两次结果之差小于平均值的20%,取平均值为实验值,如大于或等于20%,应追加测定一次,取3次结果的平均值为测定值。

实验三　粗集料磨耗实验(洛杉矶法)

一、实验目的

测定标准条件下粗集料抵抗摩擦、撞击的能力,以磨耗损失(%)表示。本方法适用于各种等级规格石料的磨耗试验。

二、仪器设备

(1)洛杉矶磨耗实验机(外观见图 1-3-1)。
(2)钢球。
(3)台秤:感量 5 g。
(4)标准筛:符合要求的标准筛系列,以及筛孔为 1.7 mm 的方孔筛。
(5)烘箱:能使温度控制在 105±5℃ 范围内。
(6)容器:搪瓷盘等。

图 1-3-1

三、实验步骤

(1)将不同规格的集料用水冲洗干净,置烘箱中烘干至恒重。
(2)对所使用的集料,按表 1-3-1 选择最接近的粒级类别,确定相应的实验条件,按规定的粒级组成备料、筛分。其中水泥、混凝土用集料宜采用 A 级粒度;对于沥青路面及各种基层、底基层的粗集料,表中的 16mm 筛孔也可用 13.2mm 筛孔代替。对非规格材料,应根据材料的实际粒度,从表 1-3-1 中选择最接近的粒级类别及试验条件。

表 1-3-1 粗集料洛杉矶实验条件

粒度类别	粒级组成（方孔筛）/g	试样质量/g	试样总质量/g	钢球数量/个	钢球总质量/g	转动次数/转	适用的粗集料 规格	适用的粗集料 公称粒径/mm
A	26.5～37.5 19.0～26.5 16.0～19.0 9.5～16.0	1250±25 1250±25 1250±10 1250±10	5000±10	12	5000±25	500		
B	19.0～26.5 16.0～19.0	2500±10 2500±10	5000±10	11	4850±25	500	S6 S7 S8	15～30 10～30 15～25
C	4.75～9.5 9.5～16.0	2500±10 2500±10	5000±10	8	3330±20	500	S9 S10 S11 S12	10～20 10～15 5～15 5～10
D	2.36～4.75	5000±10	5000±10	6	2500±15	500	S13 S14	3～10 3～5
E	63～75 53～63 37.5～53	2500±50 2500±50 5000±50	10000±100	12	5000±25	1000	S1 S2	40～75 40～60
F	37.5～53 26.5～37.5	5000±50 5000±25	10000±75	12	5000±25	1000	S3 S4	30～60 25～50
G	26.5～37.5 19～26.5	5000±25 5000±25	10000±50	12	5000±25	1000	S5	20～40

注：① 表中 16 mm 也可用 13.2 mm 代替；
② A 级适用于未筛碎石混合料；
③ C 级中 S12 可全部采用 4.75～9.5 mm 颗粒 5000 g；S9 及 S10 可全部采用 9.5～16 mm 颗粒 5000 g；
④ E 级中 S2 中缺 63～75 mm 颗粒，可用 53～63 mm 颗粒代替。

（3）分级称量集料（准确至 5 g），称取总质量（m_1）后装入磨耗机的圆筒中。

（4）选择钢球，使钢球的数量及总质量符合表 1-3-1 中规定。将钢球加入钢筒中，盖好筒盖，紧固密封。

（5）将计数器调整到零位，设定要求的回转次数。对于水泥混凝土集料，回转次数为 500 转；对沥青混合料集料，回转次数应符合表 1-3-1 的要求。开动磨耗机，以 30～33 r/min 的转速转动至要求的回转次数为止。

（6）取出钢球，将经过磨耗后的试样从投料口倒入接受容器（搪瓷盘）中。

（7）将试样用 1.7 mm 的方孔筛过筛，筛去试样中被撞击磨碎的细屑。

（8）用水冲干净留在筛上的碎石，置烘箱中于 105±5℃烘干至恒重（通常不少于 4 小时），准确称量（m_2）。

四、结果整理

(1)按下式计算粗集料洛杉矶法磨耗损失,准确至 0.1%。

$$Q=\frac{m_1-m_2}{m_1}\times100\%$$

式中:Q——洛杉矶磨耗损失,%;

m_1——装入圆筒中的试样质量,g;

m_2——实验后在 1.7 mm(方孔筛)或 2 mm(圆孔筛)筛上的洗净烘干的试样质量,g。

(2)数据记录表。

粗集料磨耗实验记录表(洛杉矶法)

实验日期: 年 月 日

试样名称		试样编号		
实验次数	装入圆筒中的试样质量 m_1 /g	磨耗后留在孔径 1.7 mm 方孔筛上的烘干试样质量 m_2 /g	磨耗率/% $Q=\frac{m_1-m_2}{m_1}\times100\%$	备注
			单值　测定值	
①				
②				

五、注意事项

(1)实验报告应记录所使用的粒级类别和实验条件。

(2)粗集料的磨耗损失取两次平行实验结果的算术平均值为测定值,两次实验的差值不大于 2%,否则须重做实验。

实验四　粗集料压碎值实验

一、实验目的

测量粗集料的压碎值。集料压碎值用于衡量石料在逐渐增加的荷载下抵抗压碎的能力,是衡量石料力学性质的指标,用以评定其在公路工程中的适用性。

二、仪器设备

(1)压力实验机:500 kN,应能在 10 min 内达到 400 kN。
(2)石料压碎值实验仪。
(3)天平:称量 2~3 kg,感量不大于 1 g。
(4)标准筛:筛孔尺寸 13.2 mm、9.5 mm、2.36 mm 方孔筛各一个。
(5)金属棒。
(6)金属筒。

三、实验步骤

(1)采用风干石料,用 13.2 mm 和 9.5 mm 标准筛过筛,取 9.5~13.2 mm 的试样 3 组各 3000 g,供实验用。如试样过于潮湿需加热烘干时,烘箱温度不得超过 100℃,烘干时间不超过 4 h。实验前,石料应冷却至室温。

(2)每次实验的石料数量应满足按下述方法夯击后石料在试筒内的深度为 100 mm。在金属筒中确定石料数量的方法如下:

将试样分 3 次(每次数量大体相同)均匀装入金属筒中,每次均应将试样表面整平,用金属棒的半球面端在石料表面上均匀捣实 25 次,最后用金属棒作为直刮刀将表面仔细整平,称取金属筒中试样质量(m_0)。以相同质量的试样进行压碎值的平行实验。

(3)将试样安放在底板上。

(4)将要求质量的试样分 3 次(每次数量大体相同)均匀装入金属筒中,每次均将试样表面整平,用金属棒的半球面端在石料表面上均匀捣实 25 次,最后用金属棒作为直刮刀将表面仔细整平。

(5)将装有试样的金属筒放在压力机上,同时将压头放入试筒内石料面上,注意使压头摆平,勿楔挤金属筒侧壁。

(6)开动压力机,均匀地施加荷载,在 10 min 左右的时间内达到总荷载 400 kN,稳压 5 s,然后卸荷。

(7)将金属筒从压力机上取下,取出试样。

(8)用 2.36 mm 标准筛筛分经压碎的全部试样,可分几次筛分,均需筛至 1 min,无明显的筛出物为止。

(9)称取通过 2.36 mm 筛孔的全部细料质量(m_1),准确至 1 g。

四、结果整理

(1)碎石或砾石的压碎指标值按下式计算,准确至 0.1%。

$$Q'_a = \frac{m_1}{m_0} \times 100\%$$

式中:Q'_a——压碎值,%;

m_0——实验前试样质量,g;

m_1——实验后通过 2.36 mm 筛孔的细料质量,g。

(2)数据记录表。

压碎值实验记录表

实验日期：　　年　　月　　日

实样名称		试样编号		
实验次数	实验前试样质量 m_0/g	试验后通过 2.36 mm 筛孔的细料质量 m_1/g	压碎指标值 Q'_a/%	
			单值	平均值
①				
②				
③				

五、注意事项

应以三次平行实验结果的算术平均值作为压碎指标的测定值。

实验五　岩石单轴抗压强度实验

一、实验目的

单轴抗压强度实验是测定规则形状岩石试件单轴抗压强度的方法,主要用于岩石的强度分级和岩石的描述。本实验采用饱和状态下的岩石立方体(或圆柱体)试件的抗压强度来评定岩石强度(包括碎石或卵石的原始岩石强度)。

在某些情况下,试件含水状态还可根据需要选择天然状态、烘干状态或冻融循环后状态。试件的含水状态要在实验报告中注明。

二、仪器设备

(1)压力实验机或万能实验机(图1-5-1)。
(2)钻石机、切石机、磨石机等岩石试件加工设备。
(3)烘箱、干燥器、游标卡尺、角尺及水池等。

图1-5-1

三、实验内容

1. 试件制备

(1)对于建筑地基的岩石实验,采用圆柱体作为标准试件,直径为 50±2 mm,高径比为 2∶1。每组试件共 6 个。

(2)对于桥梁工程的石料实验,采用立方体试件,边长为 70±2 mm。每组试件共 6 个。

(3)对于路面工程的石料实验,采用圆柱体或立方体试件,其直径或边长和高均为 50±2 mm。每组试件共 6 个。

(4)对于有显著层理的岩石,分别沿平行和垂直层理方向各取试件 6 个。试件上、下端面应平行和磨平,试件端面的平面度公差应小于 0.5 mm,端面对于试件轴线垂直度偏差不应超过 0.25°。对于非标准圆柱体试件,实验后抗压强度实验值按 $R_c = \dfrac{8R}{7+2D/H}$ 进行换算。其中 D 为试件直径,mm;H 为试件高度,mm。

2. 实验步骤

(1)用游标卡尺量取试件尺寸(精确至 0.1 mm),对立方体试件,在顶面和底面上各量取其边长,以各个面上相互平行的两个边长的算术平均值计算其承压面积;对于圆柱体试件,在顶面和底面分别测量两个相互正交的直径,并以其各自的算术平均值分别计算底面和顶面的面积,取其顶面和底面面积的算术平均值作为计算抗压强度所用的截面积。

(2)试件的含水状态可根据需要选用烘干状态、天然状态、饱和状态、冻融循环后状态。试件烘干和饱和状态应符合《公路工程岩石试验规程》(T 0205-2005)相关条款的规定,试件冻融循环后状态应符合《公路工程岩石试验规程》(T 0241-1994)中相关条款的规定。

(3)按岩石强度性质,选定合适的压力机。将试件置于压力机的承压板中央,对正上、下承压板,注意不得偏心。

(4)以 0.5~1.0 MPa/s 的速率进行加荷直至破坏,记录破坏荷载及加载过程中出现的现象。抗压试件实验的最大荷载记录以 N 为单位,精度 1%。

四、结果整理

(1)岩石的抗压强度和软化系数按下式计算:

$$R = \dfrac{P}{A}$$

式中:R——岩石的抗压强度,MPa;
P——试件破坏时的荷载,N;
A——试件的截面积,mm²。

$$K_P = \dfrac{R_W}{R_d}$$

式中:K_P——软化系数;
R_W——岩石饱和状态下的单轴抗压强度,MPa;

R_d——岩石烘干状态下的单轴抗压强度,MPa。

（2）单轴抗压强度实验结果,应同时列出每个试件的实验值及同组岩石单轴抗压强度的平均值;有显著层理的岩石,分别报告垂直与平行层理方向的试件强度的平均值。计算精确至 0.01 MPa。软化系数计算值精确至 0.01,3 个试件平行测定,取算术平均值;3 个值中最大值与最小值之差的平均值作为实验结果,同时在报告中将 4 个值全部给出。

（3）实验数据记录。

单轴抗压强度实验记录应包括岩石名称、实验编号、试件编号、试件描述、试件尺寸、破坏荷载、破坏形态。

记录格式示例如下。

岩石抗压强度实验记录

试样编号	试件处理情况	试件尺寸/mm				试件截面面积 /mm²	极限荷载 P /N	抗压强度 /MPa	平均抗压强度 /MPa	备注
		长	宽	直径	高					
1										
2										
3										
4										
5										
6										

实验者_____ 计算者_____ 校核者_____ 试验日期_____

实验六　粗集料密度实验(网篮法)

一、实验目的

用网篮法测定碎石、砾石等各种粗集料的表观相对密度、表干相对密度、毛体积相对密度、表观密度、表干密度、毛体积密度。为水泥混凝土配合比或沥青混合料配合比设计提供数据。

二、仪器设备

(1)天平或浸水天平、吊篮、溢流水槽(见图1-6-1);
(2)烘箱(图1-6-2);
(3)温度计、标准筛、盛水容器、毛巾等。

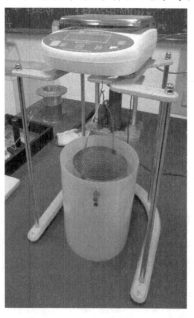

图1-6-1　浸水天平、吊篮、溢流水槽

图1-6-2　烘箱

三、实验内容

1. 准备工作

(1)将试样用4.75 mm方孔筛过筛,用四分法缩分至要求的质量,分两份备用。
(2)经缩分后供测定密度的粗集料质量应符合表1-6-1的规定。

表 1-6-1 测定密度所需要的试样最小质量

公称最大粒径/mm	4.75	9.5	16	19	26.5	31.5	37.5	63	75
每一份试样的最小质量/kg	0.8	1	1	1	1.5	1.5	2	3	3

（3）将每份试样浸泡在水中，仔细洗去附着在集料表面的尘土和石粉。

2. 实验步骤

（1）取试样一份装入干净的搪瓷盘中，注入洁净的水，水面至少应高出试样 2 cm，轻轻搅动石料，使附着在石料上的气泡逸出。在室温下保持浸水 24 h。

（2）将吊篮挂在天平的吊钩上，放入溢流水槽中，向溢流水槽内注水，待水面与水槽的溢流孔水平时为止，将天平调零，并量测水温（水温控制在 15～25℃）。

（3）将试样移入吊篮中。溢流水槽中的水面高度由水槽的溢流孔控制，维持不变。称取集料在水中的质量（m_w）。

（4）提起吊篮，稍稍沥水后，将试样倒入浅搪瓷盘中，用拧干的湿毛巾轻轻擦干颗粒的表面水，至表面看不到发亮的水迹，即为饱和面干状态。当粗集料尺寸较大时，可逐颗擦干。整个过程中不得有集料损失。

（5）在保持表干状态下，立即称取集料的表干质量（m_f）。

（6）将集料置于浅盘中，放入烘箱中于 105±5℃烘干至恒重。取出浅盘，放在带盖的容器中冷却至室温，称取集料的烘干质量（m_a）。

四、结果整理

（1）表观相对密度 γ_a、表干相对密度 γ_s、毛体积相对密度 γ_b、表观密度 ρ_a、表干密度 ρ_s、毛体积密度 ρ_b 按下式计算，结果精确至小数点后 3 位。

$$\gamma_a = \frac{m_a}{m_a - m_w} \qquad \rho_a = \gamma_a \times \rho_T \text{ 或 } \rho_a = (\gamma_a - a_T) \times \rho_w$$

$$\gamma_s = \frac{m_f}{m_f - m_w} \qquad \rho_s = \gamma_s \times \rho_T \text{ 或 } \rho_s = (\gamma_s - a_T) \times \rho_w$$

$$\gamma_b = \frac{m_a}{m_f - m_w} \qquad \rho_b = \gamma_b \times \rho_T \text{ 或 } \rho_b = (\gamma_b - a_T) \times \rho_w$$

式中：γ_a——集料的表观相对密度，无量纲； ρ_a——粗集料的表观密度，g/cm³；
γ_s——集料的表干相对密度，无量纲； ρ_s——粗集料的表干密度，g/cm³；
γ_b——集料的毛体积相对密度，无量纲； ρ_b——粗集料的毛体积密度，g/cm³；
m_a——集料的烘干质量，g； m_f——集料的表干质量，g；
m_w——集料的水中质量，g； ρ_w——水在 4℃时的密度（1.000 g/cm³）；
ρ_T——实验温度 T 时水的密度，按表 1-6-2 取用，g/cm³；
a_T——实验温度 T 时的水温修正系数，按表 1-6-2 取用。

表 1-6-2　不同温度时水的密度 ρ_T 及水温修正系数 a_T

水温/℃	15	16	17	18	19	20
水的密度 ρ_T/(g/cm³)	0.99913	0.99897	0.99880	0.99862	0.99843	0.99822
水温修正系数 a_T	0.002	0.003	0.003	0.004	0.004	0.005
水温/℃	21	22	23	24	25	
水的密度 ρ_T/(g/cm³)	0.99802	0.99779	0.99756	0.99733	0.99702	
水温修正系数 a_T	0.005	0.006	0.006	0.007	0.007	

(2)集料的吸水率以烘干试样为基准,按下式计算,精确至0.01%。

$$\omega_x = \frac{m_f - m_a}{m_a} \times 100\%$$

式中：ω_x——粗集料的吸水率,%；

m_f、m_a——意义同上。

(3)数据记录表。

粗集料密度实验记录表

实验日期：　年　月　日

试样名称						试样编号					
实验次数	水中质量/g	表干质量/g	烘干质量/g	水温/℃	表观相对密度	表干相对密度	毛体积相对密度	表观密度/(g/cm³)	表干密度/(g/cm³)	毛体积密度/(g/cm³)	吸水率/%
①											
②											
平均值											

五、注意事项

(1)对沥青路面用粗集料,应对不同规格的集料分别测定,不得混杂,所取的每一份集料试样应基本上保持原有的级配。

(2)清洗过程与用毛巾擦拭过程中不得散失集料颗粒。

(3)对同一规格的集料应平行实验两次,取平均值作为实验结果。两次结果之差相对密度不得超过0.02,吸水率不得超过0.2%。

实验七　细集料表观密度实验(容量瓶法)

一、实验目的

用容量瓶法测定细集料(天然砂、石屑、机制砂)在23℃时对水的表观相对密度和表观密度。本方法适用于含有少量尺寸大于2.36 mm的细集料。表观密度数据可为配合比设计提供参考。

二、仪器设备

(1)天平:称量1 kg,感量不大于1 g。
(2)容量瓶:500 mL。
(3)烘箱:能控温在105±5℃。
(4)烧杯:500 mL。
(5)洁净水、干燥器、浅盘、铝制料勺、温度计等。

三、实验步骤

(1)将缩分至650 g左右的试样在的烘箱中于105±5℃烘干至恒重,并在干燥器内冷却至室温,分成两份备用。
(2)称取烘干的试样约300 g(m_0),装入盛有半瓶洁净水的容量瓶中。
(3)摇转容量瓶,使试样在水中充分搅动以排除气泡,静置24 h左右;然后用滴管添水,使凹液面底部与瓶颈刻度线平齐,擦干瓶外水分,称其总质量(m_2)。
(4)倒出瓶中的水和试样,将瓶的内外表面洗净,再向瓶内注入与以上水温相差不超过2℃的洁净水,使凹液面底部至瓶颈刻度线,擦干瓶外水分,称其总质量(m_1)。

四、结果整理

(1)砂的表观相对密度γ_a及表观密度ρ_a按式(1)和式(2)计算,结果精确至小数点后3位。

$$\gamma_a = \frac{m_0}{m_0 + m_1 - m_2} \tag{1}$$

$$\rho_a = \gamma_a \times \rho_T \text{ 或 } \rho_a = (\gamma_a - a_T) \times \rho_w \tag{2}$$

式中:γ_a——砂的表观相对密度,无量纲;m_0——试样的烘干质量,g;
m_1——水及容量瓶总质量,g;m_2——试样、水及容量瓶总质量,g;
ρ_a——砂的表观密度,g/cm³;ρ_w——水在4℃时的密度,(1000 kg/m³);

a_T——实验时的水温对水密度影响的修正系数,按表 1-7-1 取用;

ρ_T——实验温度 T 时水的密度,按表 1-7-1 取用,g/cm³。

表 1-7-1 不同水温时水的密度 ρ_T 及水温修正系数 a_T

水温/℃	15	16	17	18	19	20
水的密度 ρ_T/g/cm³	0.99913	0.99897	0.99880	0.99862	0.99843	0.99822
水温修正系数 a_T	0.002	0.003	0.003	0.004	0.004	0.005
水温/℃	21	22	23	24	25	
水的密度 ρ_T/(g/cm³)	0.99802	0.99779	0.99756	0.99733	0.99702	
水温修正系数 a_T	0.005	0.006	0.006	0.007	0.007	

(2)数据记录表。

细集料表观密度实验记录表

实验日期：　　年　　月　　日

实验次数	试样烘干质量 m_0/g	试样+水+容量瓶质量 m_1/g	水+容量瓶质量 m_2/g	水温/℃	砂的表观相对密度 γ_a		砂的表观密度 ρ_a/(g/cm³)	
					单值	测定值	单值	测定值
①								
②								

五、注意事项

(1)以两次平行实验结果的算术平均值作为测定值,如两次结果之差值大于 0.01 g/cm³ 时,应重新取样进行实验。

(2)沥青路面的人工砂与石屑的表观密度的测定宜采用李氏比重瓶法。

(3)在砂的表观密度实验过程中应测量并控制水的温度,实验期间的温差不得超过1℃。

实验八　细集料筛分实验

一、实验目的

测定细集料(天然砂、人工砂、石屑)的颗粒级配并确定其粗细程度,为混凝土配合比设计提供依据。

二、仪器设备

(1)标准筛:其外观如图1-8-1所示。孔径为9.5 mm、4.75 mm、2.36 mm、1.18 mm、0.6 mm、0.3 mm、0.15 mm、0.075 mm的方孔筛。

(2)天平:称量1000 g,感量不大于0.5 g。

(3)烘箱:能控温在105±5℃。

(4)摇筛机。

(5)浅盘和软毛刷等。

图1-8-1

三、实验内容

1. 实验准备

根据样品中最大粒径的大小,选用适宜的标准筛。对于水泥混凝土,用天然砂通过 9.5 mm 标准筛筛除其中的超粒径材料,然后将样品在潮湿状态下充分拌匀,用分料器法或四分法缩分至每份不少于 55 g 的试样两份,在烘箱中于 105±5℃烘干至恒重,冷却至室温后备用。

2. 水泥混凝土用砂(干筛法)的筛分

(1) 准确称取烘干试样约 500 g(m),精确至 0.5 g,置于套筛的最上一只筛(即 5 mm 筛)上,将套筛装入摇筛机,摇筛约 10 min;然后取出套筛,再按筛孔大小顺序,从最大的筛号开始,在清洁的浅盘上逐个进行手筛,直到每分钟的筛出量不超过筛上剩余量的 0.1%时为止;将筛出的颗粒并入下一号筛,和下一号筛中的试样一起过筛,这样顺序进行,直到各号筛全部筛完为止。

(2) 称量各筛筛余试样的质量(m_i),精确至 0.5 g。各筛的分计筛余量和底盘中剩余量的总量与筛分前的试样总量相比,其相差不得超过 1%。

四、结果整理

(1) 分计筛余百分率 a_i 计算:

各号筛的分计筛余百分率各号筛上的筛余量(m_i)除以试样总量(m)的百分率,结果精确至 0.1%。

(2) 累计筛余百分率 A_i 计算:

各号筛的累计筛余百分率、该号筛及大于该号筛的各号筛的分计筛余百分率之和,结果精确至 0.1%。

(3) 质量通过百分率 P_i 计算:

各号筛的质量通过百分率 P_i 等于 100%减去该号筛的累计筛余百分率,结果精确至 0.1%。

(4) 细度模数 M_x 计算:

对水泥混凝土用砂,按下式计算细度模数,结果精确至 0.01。

$$M_x = \frac{(A_{0.15}+A_{0.3}+A_{0.6}+A_{1.18}+A_{2.36})-5A_{4.75}}{100\%-A_{4.75}}$$

式中:M_x——砂的细度模数;

$A_{0.15}$、$A_{0.3}$、…、$A_{4.75}$——分别为 0.15 mm、0.3 mm、…、4.75 mm 筛上的累计筛余百分率,%。

(5)数据记录表。

细集料筛分试验记录表

试验日期： 年 月 日

试样名称					试样编号			
试样质量/g	筛孔尺寸/mm	各筛存留质量/g			分计筛余 a_i/(%)	累计筛余 A_i/(%)	通过率 P_i/(%)
		第一次	第二次	平 均			
	底盘						
	合计						
	细度模数 $M_x =$ ——————————————— =						

根据细度模数 M_x 确定该砂为_____砂。

(粗砂：$M_x = 3.7\sim3.1$　中砂：$M_x = 3.0\sim2.3$　细砂：$M_x = 2.2\sim1.6$)

(6)绘制级配曲线。

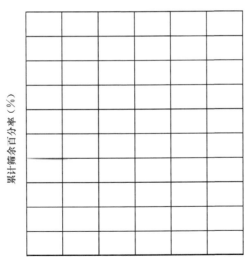

图 1-8-2

五、注意事项

（1）每次筛分应进行两次平行实验，以实验结果的算术平均值作为测定值。如两次实验所得的细度模数之差大于 0.2，应重新实验。

（2）数据记录表与级配曲线图应根据水泥混凝土用砂填写各自的筛孔尺寸及采用的筛分参数并计算细度模数。

实验九 粗集料堆积密度及空隙率实验

一、实验目的

测定粗集料的堆积密度,包括自然堆积状态、振实状态、捣实状态下的堆积密度,以及堆积状态下的空隙率(或间隙率)。为配合比设计提供数据。

二、仪器设备

(1)天平或台秤:感量不大于称量的0.1%。(图1-9-1)

(2)容量筒:适用于粗集料堆积密度测定的容量筒应符合表1-9-1的要求,其外观如图1-9-2所示。

图1-9-1

图1-9-2

表1-9-1 水泥混凝土集料容量筒的规格要求

粗集料公称最大粒径/mm	容量筒容积/L	容量筒规格/mm			壁厚度/mm
		内径	净高	底厚	
≤4.75	3	155±2	160±2	5.0	2
9.5～26.5	10	205±2	305±2	5.0	3
31.5～37.5	15	255±5	295±5	5.0	4
≥53	20	355±5	305±5	5.0	3.0

(3)平头铁锹。
(4)烘箱:能控温105±5℃。
(5)振动台:频率为3000±200次/分钟,负荷下的振幅为0.35 mm,空载时的振幅为0.5 mm。
(6)捣棒:直径16 mm、长600 mm、一端为圆头的钢棒。
(7)玻璃片。

三、实验步骤

(1)按粗集料的取料方法取样、缩分,质量应满足实验要求,在烘箱中于105±5℃温度下烘干,也可以摊在清洁的地面上风干;拌匀后分成两份备用。

(2)称取容量筒的质量(m_1)。

(3)容量筒容积的标定:

①称取容量筒+玻璃片的质量(m_1);

②用水装满容量筒,测量水温,擦干筒外壁的水分,称取容量筒+玻璃片+水的总质量(m_w),并按水的密度对容量筒的容积作校正:

$$V = \frac{m_w - m_1}{\rho_w} \times 1000$$

式中:V——容量筒的容积,L;

m_1——容量筒+玻璃片的质量,kg;

m_w——容量筒+玻璃片+水的总质量,kg;

ρ_w——实验温度T时水的密度,按粗集料密度实验中表1-6-2选用,kg/m³。

(4)测定自然堆积密度:

取试样1份,置于平整干净的水泥地(或铁板)上,用平头铁锹铲起试样,使其自由落入容量筒内。此时,从铁锹的齐口至容量筒上口的距离应保持50 mm左右,装满容量筒并除去凸出筒口表面的颗粒,以合适的颗粒填入凹陷空隙,使表面稍凸起部分和凹陷部分的体积大致相等,称取试样和容量筒总质量(m_2)。

(5)测定振实密度:

按堆积密度实验步骤,将装满试样的容量筒放在振动台上,振动3 min,或者将试样分三层装入容量筒:装完一层后,在筒底垫放一根直径为25 mm的圆钢筋,将筒按住,左右交替振击地面各25下;然后装入第二层,用同样的方法振实(但筒底所垫钢筋的方向应与第一层放置方向垂直);然后再装入第三层,如法振实。待三层试样装填完毕后,加料填到试样超出容量筒口,用钢筋沿筒口边缘滚转,刮下高出筒口的颗粒,用合适的颗粒填平凹处,使表面稍凸起部分和凹陷部分的体积大致相等,称取试样和容量筒总质量(m_2)。

(6)测定捣实密度:

将试样装入符合要求规格的容器中达1/3容器的高度,由边缘至中心用捣棒均匀捣实25次。再向容器中装入1/3高度的试样,用捣棒均匀地捣实25次,捣实深度约至下层的表面。然后重复上一步骤,加最后一层,捣实25次,使集料与容器口齐平。用合适的集料填充表面的大空隙,用直尺大体刮平,目测估计表面凸起的部分与凹陷的部分的体积大致相等,称取容量筒与试样的总质量(m_2)。

四、结果整理

(1)堆积密度(包括自然堆积状态、振实状态、捣实状态下的堆积密度)按式(1)计算,结果精确至小数点后2位。

$$\rho = \frac{m_2 - m_1}{V} \tag{1}$$

式中:ρ——堆积密度,kg/m³;
　　m_1——容量筒的质量,kg;
　　m_2——容量筒与相应状态下试样的总质量,kg;
　　V——容量筒的容积,L。

(2)水泥混凝土用粗集料的空隙率按式(2)计算

$$V_c = (1 - \frac{\rho}{\rho_a}) \times 100\% \tag{2}$$

式中:V_c——水泥混凝土用粗集料的空隙率,%;
　　ρ_a——粗集料的表观密度,kg/m³;
　　ρ——粗集料的振实密度,kg/m³。

(3)沥青混凝土用粗集料骨架捣实状态下的间隙率按式(3)计算

$$VCA_{DRC} = (1 - \frac{\rho}{\rho_b}) \times 100\% \tag{3}$$

式中:VCA_{DRC}——捣实状态下粗集料骨架间隙率,%;
　　ρ_b——粗集料的毛体积密度,kg/m³;
　　ρ——粗集料的捣实密度,kg/m³。

粗集料堆积密度实验记录表

实验日期:　　年　　月　　日

试样名称						试样编号			
实验次数	容量筒容积 V /L	容量筒质量 m_1 /kg	容量筒+试样总质量 m_2/kg			试样质量 $m = m_2 - m_1$ /kg	堆积密度 ρ/(kg/L)	
			自然	振实	捣实		单值	平均值
①								
②								

五、注意事项

水泥混凝土配合比设计时采用空隙率V_c,而沥青玛蹄脂碎石混合料(SMA)进行配合比设计时采用间隙率VCA_{DRC}。

实验十　细集料堆积密度及紧装密度实验

一、实验目的

测定砂自然状态下堆积密度、紧装密度及空隙率。

二、仪器设备

(1)台秤:称量 5 kg,感量 5 g(见图 1-10-1)。
(2)容量筒:圆筒形,容积约为 1 L。
(3)标准漏斗(见图 1-10-2)。
(4)烘箱:能控温在 105±5℃。
(5)小勺、直尺、浅盘、玻璃片等。

图 1-10-1

图 1-10-2

三、实验步骤

(1)试样制备:用浅盘装来样约 5 kg,在烘箱中于 105±5℃烘干至恒重,取出并冷却至室温,分成大致相等的两份备用。
(2)称取容量筒质量 m_0。
(3)容量筒容积的标定:

①称取容量筒+玻璃片的质量(m_1')。

②用水装满容量筒,测量水温,擦干筒外壁的水分,称取容量筒+玻璃片+水的总质量(m_w),并按水的密度对容量筒的容积作校正

$$V = \frac{m_w - m_1'}{\rho_w}$$

式中:V——容量筒的容积,mL;

m_1'——容量筒+玻璃片的质量,g;

m_w——容量筒+玻璃片+水的总质量,g;

ρ_w——实验温度 T 时水的密度,按细集料表观密度实验中表 1-7-1 选用,g/cm³。

(4)堆积密度:将试样装入漏斗中,打开底部的活动门,让砂流入容量筒中,也可直接用小勺向容量筒中装试样,但漏斗出料口或料勺距容量筒筒口均应保持 50 mm 左右。试样装满并超出容量筒筒口后,用直尺将多余的试样沿筒口中心线向两个相反方向刮平,称取质量(m_1)。

(5)紧装密度:取试样 1 份,分两层装入容量筒。装完一层后,在筒底垫放一根直径为 10 mm 的钢筋,将筒按住,左右交替颠击地面各 25 下,然后再装入第二层。

第二层装满后用同样方法颠实(但筒底所垫钢筋的方向应与第一层放置方向垂直)。两层装完并颠实后,添加试样超出容量筒筒口,然后用直尺将多余的试样沿筒口中心线向两个相反方向刮平,称其质量(m_2)。

四、结果整理

(1)堆积密度及紧装密度分别按式(1)和式(2)计算,结果精确至 0.01 g/cm³。

$$\rho = \frac{m_1 - m_0}{V} \tag{1}$$

$$\rho' = \frac{m_2 - m_0}{V} \tag{2}$$

式中:ρ——砂的堆积密度,g/cm³;

ρ'——砂的紧装密度,g/cm³;

m_0——容量筒的质量,g;

m_1——容量筒和堆积密度砂总质量,g;

m_2——容量筒和紧装密度砂的总质量,g;

V——容量筒容积,mL;

(2)砂的空隙率按式(3)计算,结果精确至 0.1%。

$$n = (1 - \frac{\rho}{\rho_a}) \times 100\% \tag{3}$$

式中:n——砂的空隙率,%;

ρ——砂的堆积或紧装密度,g/cm³;

ρ_a——砂的表观密度,g/cm³。

(3)数据记录表。

堆积密度或紧装密度实验记录表

实验日期：　　年　　月　　日

试样名称				试样编号			
实验次数	容量筒容积 V /mL	容量筒质量 m_0 /g	容量筒和堆积密度砂总质量 m_1 /g	容量筒和紧装密度砂总质量 m_2 /g	堆积密度 ρ /(g/cm³)	紧装密度 ρ' /(g/cm³)
①						
②						
平均值						

五、注意事项

(1)堆积密度或紧装密度以两次实验结果的算术平均值作为测定值。

(2)制备烘干试样如有结块,应在实验前先予捏碎。

第二章

水泥的技术性质

参考标准:《公路工程水泥及水泥混凝土试验规程》
（JTG E30—2005）

实验一　水泥凝结时间实验
实验二　水泥体积安定性实验（雷氏夹法）
实验三　水泥细度实验
实验四　水泥标准稠度用水量实验
实验五　水泥胶砂强度实验（ISO法）

实验一　水泥凝结时间实验

一、实验目的

测定水泥初凝和终凝时间。

二、仪器设备

标准法维卡仪(见图 2-1-1 和图 2-1-2)。

图 2-1-1

三、实验步骤

(1)调整凝结时间测定仪的试针接触玻璃板时,指针对准零点。

(2)以标准稠度净浆一次装满试模,振动数次后刮平,立即放入湿气养护箱中。记录水泥全部加入水中的时间作为凝结时间的起始点。

(3)初凝时间的测定:试件在湿气养护箱中养护,加水后 30 min 时进行第一次测定。测定时,从湿气养护箱中取出试模放在试针下,降低试针与水泥净浆表面接触。拧紧螺丝 1~2 s 后,突然放松,试针垂直自由地沉入水泥净浆。观察试针停止下沉或释放试针 30 s 时指针的读数。当试针沉至距底板 4±1 mm 时,为水泥达到初凝状态。从水泥全部加入水中至初凝状态的时间为水泥的初凝时间,用"min"表示。

(4)终凝时间的测定:在完成初凝时间测定后,将初凝试针换成终凝试针,同时立即将试模

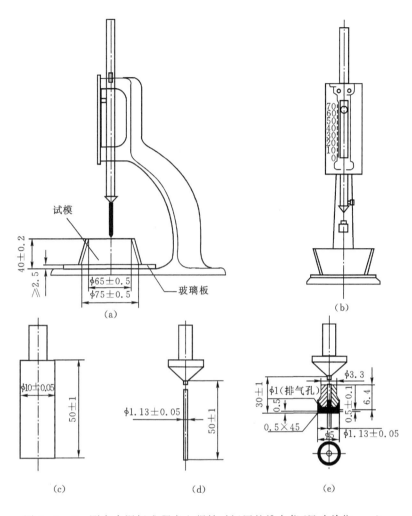

图 2-1-2 测定水泥标准稠度和凝结时间用的维卡仪〔尺寸单位:mm〕
(a)初凝时间测定用立式试模侧视图；
(b)终凝时间测定用反转试模前视图；
(c)标准稠度试杆；
(d)初凝用试针；
(e)终凝用试针

连同浆体以平移的方式从玻璃板取下，翻转180°，大口径端向上，小口径端向下放在玻璃板上，再放入湿气养护箱中继续养护，临近终凝时间时每隔15 min测定一次，当试针沉入试体0.5 mm时，即环形附件开始不能在试体上留下痕迹时，为水泥达到终凝状态，从水泥全部加入水中至终凝状态的时间为水泥的终凝时间，单位为 min。

四、结果整理

水泥凝结时间实验记录表

实验日期：　　年　　月　　日

试样名称							
品种及等级				试样编号			
				生产厂家			
实验次数	开始加水拌和时间(h,m)	初凝			终凝		
		试针沉入距底板的高度/mm	出现初凝现象的时间(h,m)	初凝时间/min	试针沉入深度/mm	出现终凝现象的时间(h,m)	终凝时间/min
①							
②							
结论							

五、注意事项

(1)测定时应注意，在最初测定的操作时应轻轻扶持金属柱，使其徐徐下降，以防试针撞弯，但结果以自由下落为准。

(2)在整个测试过程中试针沉入的位置至少要距试模内壁 10 mm。

(3)临近初凝时，每隔 5 min 测定一次；临近终凝时每隔 15 min 测定一次；到达初凝或终凝时应立即重复测一次，当两次结论相同时才能定为到达初凝或终凝状态。

(4)每次测定不能让试针落入原针孔，每次测试完毕须将试针擦净并将试模放回湿气养护箱内，整个测试过程要防止试模受振。

实验二　水泥体积安定性实验(雷氏夹法)

一、实验目的

用雷氏夹法测定水泥体积安定性。

二、仪器设备

(1)雷氏夹(见图2-2-1和图2-2-3)。
(2)雷氏夹膨胀测定仪:标尺最小刻度为0.5 mm(见图2-2-1)。
(3)沸煮箱:有效容积为410 mm×240 mm×310 mm(见图2-2-2)。

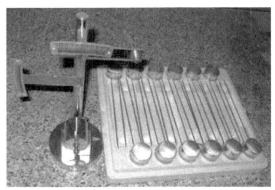
图2-2-1

图2-2-2

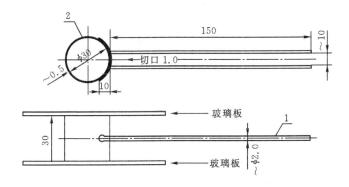

图2-2-3　雷氏夹示意图(尺寸单位:mm)
1—指针;2—环模

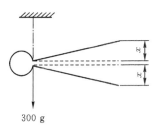

图2-2-4　雷氏夹受力示意图

三、实验步骤

(1)每个试样需成型两个试件,每个雷氏夹需配备质量 75~85 g 的玻璃板两块,凡与水泥净浆接触的玻璃板和雷氏夹内表面都要稍稍涂上一层油。

(2)将预先准备好的雷氏夹放在已稍擦油的玻璃板上,并立即将已制好的标准稠度净浆一次装满雷氏夹,装浆时一只手扶持雷氏夹,另一只手用宽约 10 mm 的小刀插捣数次,然后抹平,盖上稍涂油的玻璃板,接着立即将试件移至湿气养护箱内养护 24±2 h。

(3)调整好沸煮箱内的水位,保证在整个沸煮过程中都超过试件,不需中途添补实验用水,同时又能保证在 30±5 min 内升至沸腾。

(4)脱去玻璃板取下试件,先测量雷氏夹指针尖端间的距离(A),精确到 0.5 mm,接着将试件放入沸煮箱水中的试件架上,指针朝上,然后在 30±5 min 内加热至沸并恒沸 180±5 min。

(5)结果判别:沸煮结束后,立即放掉沸煮箱中的热水,打开箱盖,待箱体冷却至室温,取出试件进行判别。测量雷氏夹指针尖端的距离(C),准确至 0.5 mm。当两试件煮后增加距离($C-A$)的平均值不大于 5.0 mm 时,即认为该水泥安定性合格,当两个试件的($C-A$)值相差超过 4.0 mm 时,应用同一样品立即重做一次试验。若仍然如此,则认为该水泥为安定性不合格。

四、结果整理

水泥安定性实验记录表

实验日期:　　年　　月　　日

试样名称		试样编号			
品种及等级		生产厂家			
实验次数	实验前雷氏夹针尖间距 A/mm	实验后雷氏夹针尖间距 C/mm		增加距离 $C-A$/mm	
				单值	测定值
①					
②					
结论					

五、注意事项

雷氏夹使用前需用雷氏夹膨胀测定仪标定合格后方可使用。

实验三　水泥细度实验

一、实验目的

检验水泥细度,评定水泥质量。水泥的细度影响水泥的技术性质,相同矿物成分的熟料,水泥细度越细强度愈高,水泥凝结时间愈快安定性愈好。

二、仪器设备

为 0.08 mm 方孔筛、天平(最大称量 100 g,感量不大于 0.05 g)、负压筛析仪(见图 2-3-1)等。

图 2-3-1

三、实验步骤

1. 手工干筛法

(1)样品处理:水泥样品应充分拌匀,通过 0.9 mm 方孔筛,记录筛余物情况,要防止过筛时混进其他水泥。

(2)称取水泥试样 50 g(m)倒入 0.08 mm 方孔筛内。

(3)将水泥边筛边拍打,拍打速度每分钟约 120 次,每 40 次向同一方向转动 60°,直至每分钟通过的试样量不超过 0.05 g 为止。

(4)称量筛余物 m_0。

2. 负压筛析法

(1) 将负压筛放在筛座上,盖上筛盖,接通电源,调节负压至 4000～6000 Pa 范围内。

(2) 称取试样 25 g(m),置于洁净的负压筛中,盖上筛盖,放在筛座上,开动负压筛析仪连续筛析 2 min。

(3) 称量筛余物 m_0。

四、结果整理

(1) 计算水泥试样筛余百分率 A,精确至 0.1%。

$$A=\frac{m_0}{m}\times 100\%$$

式中：m_0——水泥筛余物的质量,g；

m——水泥试样的质量,g。

(2) 数据记录表。

水泥细度实验记录表

实验日期：　　年　　月　　日

试样名称			试样编号		
品种及等级			生产厂家		
干筛法或负压筛法	实验次数	试样质量 m /g	筛余质量 m_0/g	筛余百分率(%) $A=\frac{m_0}{m}\times 100\%$	结　论
	①				
	②				

五、注意事项

(1) 手工干筛法筛分时,拍打速度每分钟约 120 次,每 40 次向同一方向转动 60°。使试样均匀分布在筛网上,直至每分钟通过的试样量不超过 0.05 g 为止。

(2) 当两种试验方法测定的结果有异议时,以负压筛析法为准。

(3)《硅酸盐水泥普通硅酸盐水泥》(GB 175－1999)规定：硅酸盐水泥和普硅水泥通过 0.08 mm 方孔筛余量不超过 10%。

实验四　水泥标准稠度用水量实验

一、实验目的

测定标准稠度用水量,为凝结时间和安定性实验提供标准稠度的净浆。适用于硅酸盐水泥、普硅水泥、矿渣水泥、粉煤灰水泥、火山灰水泥、复合水泥。

二、仪器设备

(1)水泥净浆搅拌机:符合 JC/T 729—2005 的要求(见图 2-4-1)。
(2)标准法维卡仪(见图 2-4-2)。
(3)量筒:最小刻度 0.1 mL,精度 1‰。
(4)天平:最大称量不小于 1000 g,感量不大于 1 g。

图 2-4-1

图 2-4-2

三、实验步骤

1. 水泥净浆的拌制

(1)用水泥净浆搅拌机搅拌,搅拌锅和搅拌叶片先用湿布擦拭,将拌和水倒入搅拌锅内,然后在 5~10 s 内小心将称好的 500 g 水泥加入水中,此过程应注意防止水和水泥溅出;
(2)拌和时,先将锅放在搅拌机的锅座上,升至搅拌位置,启动搅拌机,低速搅拌 120 s,停

15 s,同时将叶片和锅壁上的水泥浆刮入锅中间,接着高速搅拌 120 s,停机。

2. 标准稠度用水量的测定步骤

(1)拌和结束后,立即将拌制好的水泥净浆装入已置于玻璃底板上的试模中,用小刀插捣,轻轻振动数次,刮去多余的净浆;

(2)抹平后迅速将试模和底板移到维卡仪上,并将其中心定在试杆下,降低试杆直至与水泥净浆表面接触,拧紧螺丝 1~2 s 后突然放松,使试杆垂直自由地沉入水泥净浆中。在试杆停止沉入或释放试杆 30 s 时记录试杆距底板之间的距离。升起试杆后,立即擦净。整个操作应在搅拌后 1.5 min 内完成。

(3)以试杆沉入净浆并距底板 6±1 mm 的水泥净浆为标准稠度净浆,其拌和水量为该水泥的标准稠度用水量(P),按水泥质量的百分比计。

四、结果整理

水泥标准稠度用水量实验记录表

实验日期：　　年　　月　　日

试样名称			试样编号	
品种及等级			生产厂家	
实验次数	水泥用量 /g	用水量 w /mL	试杆下沉深度距底板距离 S /mm	水泥标准稠度用水量/% $P=\dfrac{w}{500}\times 100\%$
①	500			
②	500			

五、注意事项

(1)实验前先进行水泥净浆搅拌机、标准法维卡仪检查。

(2)实验时用试模高度减去下沉深度即标尺读数来控制试杆下沉距底板的距离 S。

(3)严格控制实验时间,从拌和结束到标准稠度测定整个操作应在 1.5 min 内完成。

实验五　水泥胶砂强度实验(ISO 法)

一、实验目的

用 ISO 法测定水泥的强度等级。

二、仪器设备

(1)水泥胶砂搅拌机:应符合 JC/T 681 的要求(见图 2-5-1)。
(2)抗折试模:三个 40 mm×40 mm×160 mm。
(3)振实台(见图 2-5-2)。
(4)水泥胶砂抗折试验机(见图 2-5-3)。
(5)抗压强度试验机:200～300 kN 为宜(见图 2-5-4)。
(6)抗压夹具:面积为 40 mm×40 mm。

图 2-5-1

图 2-5-2

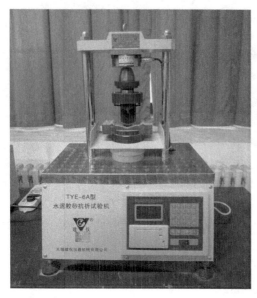
图 2-5-3

图 2-5-4

三、实验步骤

1. 每锅材料数量

每锅胶砂的材料数量

水泥品种 \ 材料数量	水泥 /g	标准砂 /g	水 /mL
硅酸盐水泥	450±2	1350±5	225±1
普通硅酸盐水泥			
矿渣硅酸盐水泥			
粉煤灰硅酸盐水泥			
复合硅酸盐水泥			
石灰石硅酸盐水泥			

2. 搅拌

每锅胶砂用搅拌机进行机械搅拌,先使搅拌机处于待工作状态,然后按以下的程序操作:

(1) 把水加入锅中,再加入水泥,把锅放在固定架上,上升至固定位置。

(2) 立即开动搅拌机,低速搅拌 30 s 后,在第二个 30 s 开始的同时均匀地将砂子加入,把搅拌机调至高速再拌 30 s。

(3) 停拌 90 s,在第一个 15 s 内用胶皮刮具将叶片和锅壁上的胶砂刮入锅中间,再在高速下继续搅拌 60 s。各个搅拌阶段时间误差控制在 ±1 s 以内。

3. 用振实台成型

(1) 胶砂制备后立即进行成型,将空试模和模套固定在振实台上,用适当的勺子直接从搅拌锅里将胶砂分两层装入试模,装第一层时,每个槽里约放 300 g 胶砂,用大播料器垂直架在模套顶部,沿每个模槽来回一次将料层播平,接着振实 60 次;再装入第二层胶砂,用小播料器播平,再振实 60 次。移走模套,从振实台上取下试模,用一金属直尺以近似 90°的角度架在试模顶的一端,然后沿试模长度方向以横向锯割动作慢慢向另一端移动,一次将超过试模部分的胶砂刮去,并用同一直尺以近乎水平的状态将试模表面抹平。

(2)在试模上作标记或加字条,标明试件编号和试件相对于振实台的位置。

4. 脱模

一般在成型后 20～24 h 脱模。

5. 养护

将做好标记的试件立即水平或竖直放在(20±1)℃水中养护,水平放置时刮平面应朝上。试件放在不易腐烂的篦子上,并彼此间保持一定距离,以让水与试件的六个面接触。养护期间试件之间间隔或试体上表面的水深不得小于 5 mm。

6. 强度实验

(1)抗折强度实验。

①将试件一个侧面放在试验机支撑圆柱上,以 50±10 N/s 的速度均匀地将荷载垂直地加在棱柱体相对侧面上,直至试件折断。如图 2-5-5 所示。

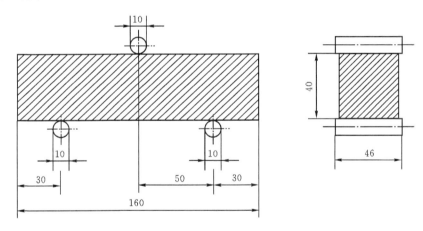

图 2-5-5 抗折强度测定加荷图(尺寸单位:mm)

②保持两个半截棱柱体处于潮湿状态直至抗压实验结束。

③抗折强度 R_f 按下式计算:

$$R_f=\frac{1.5F_f L}{b^3}$$

式中:R_f——抗折强度,MPa;

F_f——折断时施加于棱柱体中部的荷载,N;

L——支撑圆柱之间的距离,mm;

b——棱柱体正方形截面的边长,mm。

④抗折强度的评定:以一组三个棱柱体抗折强度结果的平均值作为实验结果。若三个强度值中有超出平均值±10%的,应剔除后再取平均值作为抗折强度实验结果。

(2) 抗压强度实验。

①抗折实验后的两个断块应立即进行抗压实验,抗压实验必须用抗压夹具进行,实验体受压面为 40 mm×40 mm。实验时以半截棱柱体的侧面作为受压面,试体的底面靠近夹具定位销,并使夹具对准压力机压板中心。

②压力机加荷速度应控制在 2400±200 N/s,均匀地加荷直至破坏。

③抗压强度 R_c 按下式计算:

$$R_c = \frac{F_c}{A}$$

式中:R_c——抗压强度,MPa;

F_c——破坏时的最大荷载,N;

A——受压部分面积,mm^2。

④抗压强度的评定:以一组三个棱柱体上得到的六个抗压强度测定值的算术平均值作为实验结果。如六个测定值中有一个超出六个平均值±10%的,就应剔除这个结果,以剩下五个测定值的平均数为平均值,如果五个测定值中再有超过它们平均数±10%的,则此组结果作废。

四、结果整理

水泥胶砂强度实验记录表

实验日期: 　年　月　日

试样名称							试样编号				
品种及等级							生产厂家				
试件编号	龄期/d	抗折强度					抗压强度				水泥强度等级
		破坏荷载/N	支点间距/mm	试体尺寸		抗折强度 R_f/MPa	破坏荷载 F_c/N	受压面积 A/mm^2	抗压强度 R_c/MPa		
				宽度/mm	高度/mm						
①	3										
②											
③											
④	28										
⑤											
⑥											
结论											

五、注意事项

（1）试件龄期是从水泥加水搅拌开始计起,一般只检测 3 天与 28 天强度。

（2）每个养护池只养护同类型的水泥试件。最初用自来水装满养护池,随后随时加水,保持适当的恒定水位,不允许在养护期间全部换水。

（3）试件从水中取出后,在强度实验前应用湿布覆盖。

第三章

水泥混凝土配合比实验

参考标准：《公路工程水泥及水泥混凝土试验规程》
（JTG E30—2005）

实验一　水泥混凝土试件制作及拌和物坍落度实验
实验二　水泥混凝土立方体抗压强度实验

实验一　水泥混凝土试件制作及拌和物坍落度实验

一、实验目的

（1）制作标准试件测定混凝土的力学性能。
（2）测定衡量混凝土拌合物稠度的指标——坍落度，以确定拌和物浇筑时的工作性。
（3）测定混凝土拌和物捣实后的毛体积密度，为配合比调整提供依据，同时可以核实混凝土配合比计算中各材料用量。

二、仪器设备

（1）坍落筒（见图3-1-1）；
（2）铁锹、拌合盘（见图3-1-2）；
（3）振动台（见图3-1-3）、搅拌机：自由式或者强制式；
（4）小铲、小钢尺、镘刀、捣棒（$\phi 16$ mm，长650 mm）、容积筒（5 L）、磅秤、试模（规格为150 mm×150 mm×150 mm，150 mm×150 mm×550 mm）。

图3-1-1

图3-1-2 拌合盘

图3-1-3

三、实验步骤

1. 水泥混凝土拌和

(1)准备工作。

①按设计的配合比及试拌数量计算各材料用量。

②称取各材料用量。

③将拌和盘、铁铲等工具润湿。

(2)试拌混凝土。

采用搅拌机搅拌时,往搅拌机内顺序加入粗集料、细集料、水泥。开动搅拌机,将材料拌和均匀,在拌和过程中徐徐加水,全部加料时间不宜超过 2min。水全部加入后,继续拌和约 2min,而后将拌和物倾出在铁板上,再经人工翻拌 1～2min,务必使拌和物均匀一致。人工拌合时,先用湿布将拌和盘铁铲润湿,再将称好的砂和水泥在拌和盘上拌匀,加入石子,再一起拌和均匀,而后将此拌和物堆成长堆,中心扒成长槽,将称好的水倒入约一半,将其与拌和物仔细拌匀;再将材料堆成长堆,扒成长槽,倒入剩余的水,继续进行拌和,来回翻拌至少 6 遍。从加水完毕时起,拌和时间见表 3-1-1。

表 3-1-1 拌和时间表

混凝土拌和物体积/L	拌和时间/min
<30	4～5
31～50	5～9
51～75	9～12

2. 新拌混凝土拌和物坍落度测定

(1)将坍落筒内外洗净,放在经水润湿过的钢板上,踏紧踏脚板。

(2)将代表样分三层装入筒内,每层装入高度稍大于筒高的 1/3,用捣棒在每层的横截面上均匀插捣 25 次,插捣在全部面积上进行,沿螺旋线由边缘至中心;插捣底层时插至底部,插捣其他两层时,应插透本层并插入下层 20～30 mm;插捣须垂直压下,不得冲击,当顶层插捣完毕后,用锯和滚的动作清除掉捣棒上多余的混凝土,用镘刀抹平筒口,刮净筒底周围的拌和物。而后立即垂直地提起坍落筒,提筒在 5～10s 内完成,并使混凝土不受横向及扭力作用。

(3)刮净筒底周围的拌合物,立即垂直地提起坍落筒,提筒在 5～10 s 内完成,并将其放在锥体混凝土试样一旁,筒顶平放木尺,用小钢尺量出木尺底面至试样顶面中心的垂直距离,即为该混凝土拌和物的坍落度,以 mm 计。

(4)当混凝土拌合物的坍落度大于 220 mm 时,用钢尺测量混凝土扩展后最终的最大直径和最小直径,在这两个直径之差小于 50 mm 的条件下,用其算术平均值作为坍落扩展度值;否则,此次实验无效。

(5)用目测方法评定混凝土拌和物的棍度、砂率、黏聚性和保水性。

①棍度:按插捣混凝土拌合物时难易程度评定。分"上""中""下"三级。

"上":表示插捣容易;

"中":表示插捣时稍有石子阻滞的感觉;
"下":表示很难插捣。
②砂率:按拌合物外观含砂多少而评定,分"多""中""少"三级。
"多":表示用馒刀抹拌合物表面时,一两次即可使拌合物表面平整无蜂窝;
"中":表示抹五六次才可使表面平整无蜂窝;
"少":表示抹面困难,不易抹平,有空隙及石子外露等现象。
③黏聚性:观测拌合物各组分相互黏聚情况。评定方法是用捣棒在已坍落的混凝土锥体侧面轻打,如锥体在轻打后逐渐下沉,表示黏聚性良好;如锥体突然倒坍、部分崩裂或发生石子离析现象,即表示黏聚性不好。
④保水性:指水分从拌合物中析出情况,分"多量""少量""无"三级评定。
"多量":表示提起坍落筒后,有较多水分从底部渗出;
"少量":表示提起坍落筒后,有少量水分从底部渗出;
"无":表示提起坍落筒后,没有水分从底部渗出。

3.混凝土混合物毛体积密度测定

(1)实验前用湿布将容积筒内外擦拭干净,称其质量 m_1。

(2)如用振动台振实时,一次将拌合物装满容积筒,立即开始振动,直至拌和物出现水泥浆为止。

(3)用直尺刮去多余的混凝土,用馒刀抹平表面,擦净容积筒外壁,称取质量 m_2。

4.混凝土试件制作

(1)拧紧试模螺丝,在试模内壁涂抹一薄层矿物油脂。

(2)将坍落度测定合格的混凝土拌和物装入试模内,将试模放在振动台上,边振动边添料,直至混凝土表面出现乳状水泥浆为止,振动时间一般不超过 90 s。振动结束后,将试模上多余混凝土刮去,用馒刀将试件表面初次抹平,待试件收浆后,再次用馒刀将试件表面仔细抹平。在室温 20±5℃,相对湿度大于 50%的情况下,静置 1~2 昼夜后拆模、编号,随即标准养护。标准养护温度为 20±3℃,相对湿度在 90%以上,养护到规定龄期再进行力学实验。

四、结果整理

(1)水泥混凝土拌和物毛体积密度 ρ_h 计算,精确至 0.001 kg/L。

$$\rho_h = \frac{m_2 - m_1}{V}$$

式中:ρ_h——拌和物毛体积密度,kg/L;

m_1——容积筒质量,kg;

m_2——捣实或振实后混凝土和容积筒总质量,kg;

V—容积筒容积,L。

(2)数据记录表。

初步配合比及每立方米混凝土中各材料用量

混凝土配制强度 R_h		MPa	水泥用量 C_0		kg
水灰比 W/C			砂用量 S_0		kg
质量比(水泥∶砂∶石∶水)			石子用量 G_0		kg
用水量 W_0		kg	每立方米混凝土计算密度 $\rho_h = C_0 + S_0 + G_0 + W_0$		kg/m³

试拌及和易性实验记录表

实验日期：　　年　　月　　日

试拌			调整后拌和		
试拌数量		m³	重拌数量		m³
水泥用量		kg	水泥用量		kg
砂用量		kg	砂用量		kg
石子用量		kg	石子用量		kg
计算用水量		kg	实际用水量		kg
实测坍落度		mm	重测坍落度		mm
和易性观察	稠度		和易性观察	稠度	
	砂率			砂率	
	黏聚性			黏聚性	
	保水性			保水性	

五、注意事项

(1)混凝土拌和物毛体积密度取两次实验结果的算术平均值为测定值。

(2)测混凝土拌合物坍落度时，从开始装筒至提起坍落筒的全过程不应超过 2.5 min。若用加大坍落筒量测时，应乘系数 0.67，以换算为标准坍落筒之坍落度。

(3)坍落度只能表示塑性混凝土混合料的工作性，对于低流动性和干硬性混凝土混合物工作性的测定，应采用维勃稠度法。

实验二　水泥混凝土立方体抗压强度实验

一、实验目的

测定混凝土抗压强度以确定混凝土的强度等级,评定混凝土质量。

测定混凝土抗折强度以评定道路混凝土施工质量,同时抗折强度是水泥混凝土路面设计的重要指标。

二、仪器设备

万能试验机(见图3-2-1)。

图3-2-1

三、实验步骤

(1)从养护室取出试件,先检查其尺寸及形状,相对两面应平行,表面倾斜偏差不得超过0.5 mm。量出棱边长度,精确至1 mm。试件受力截面积按其与压力机上下接触面的平均值计算。试件如有蜂窝缺陷,应在实验前三天用浓水泥浆填补平整,并在报告中说明。在破型前,保持试件原有湿度,在实验时擦干试件。

(2)以成型时侧面为上下受压面,将试件放在球座上,球座置于压力机中心,几何对中侧面受载。

(3)加荷:强度等级小于 C30 的混凝土取 0.3～0.5 MPa/s 的加荷速度;强度等级大于 C30 小于 C60 时,取 0.5～0.8 MPa/s 的加荷速度;强度等级大于 C60 的混凝土取 0.8～1.0MPa/s的加荷速度。当试件接近破坏而开始迅速变形时,应停止调整试验机油门,直至试件破坏,记下破坏极限荷载。

四、结果整理

(1)混凝土立方体抗压强度 R 按下式计算,精确至 0.1 MPa。

$$R=\frac{P}{A}$$

式中:R——混凝土抗压强度,MPa;
P——试件破坏极限荷载,N;
A——受压面积,mm²。

(2)强度测定值异常数据取舍原则(适用于混凝土抗压、抗折、劈裂抗拉强度):
①一般情况下以 3 个试件测值的算术平均值作为测定值。
②如任一个测量值与中值之差超过中值的 15% 时,则取中值为测定值;如有两个测量值与中值之差均超过上述规定时,则该组实验结果无效。

(3)将非标准尺寸试件的强度换算成标准尺寸试件的强度,换算系数如表 3-2-1 所示。

表 3-2-1 抗压强度换算系数

试件尺寸/mm	100×100×100	150×150×150	200×200×200
换算系数	0.95	1.00	1.05

(4)数据记录表。

混凝土抗压强度实验记录表

实验日期: 年 月 日

试件编号	制件日期	实验日期	龄期/d	试件尺寸/mm			受压面积 A/mm²	极限荷载 P/kN	抗压强度 R'/MPa	换算系数 K	折算标准试件抗压强度 $R=R'\times K$/MPa	
				长 a	宽 b	高 h					单值	测定值

五、注意事项

(1)调整油门时应该缓慢调整;试件接近破坏时,应停止调整油门,直至试件破坏。
(2)试件受力面均为其侧面。

第四章

沥青的技术性质

参考标准：《公路工程沥青及沥青混合料试验规程》
（JTG E20—2011）

实验一　沥青标准黏度实验
实验二　沥青布氏旋转黏度实验
实验三　沥青针入度实验
实验四　沥青延度实验
实验五　沥青软化点实验（环球法）

实验一 沥青标准黏度实验

一、实验目的

本实验测定沥青的标准黏度。沥青的标准黏度是试样在规定温度下,自沥青标准黏度计规定直径的流孔流出 50 mL 所需的时间,以 s 为单位。液体沥青的技术等级是按标准黏度来划分的。本实验介绍的方法适用于液体石油沥青、煤沥青、乳化沥青等材料流动状态的黏度测量。

二、仪器设备

(1)道路沥青标准黏度计(见图 4-1-1);

(2)水槽、盛样管、球塞、水槽盖、温度计(分度为 0.1℃)、秒表、接收瓶(或 100 mL 量筒)、流孔检查棒、肥皂水(或矿物油)、加热炉等。

图 4-1-1

三、实验步骤

(1)实验准备工作:

①按规定的方法准备好沥青试样。

②根据沥青材料的种类和稠度,选择需要流孔孔径的盛样管,置水槽圆井中,用规定的球

塞堵好流孔。

③根据实验温度需要,调整恒温水槽的水温为实验温度±0.1℃。

(2)将试样加热,当比实验温度高 2～3℃(如实验温度低于室温时,试样须冷却至比实验温度低 2～3℃)时注入盛样管,数量以液面到达球塞杆垂直时杆上的标记为准。

(3)试样在水槽中保持实验温度至少 30 min,用温度计轻轻搅拌试样,测量试样的温度,当为试验温度±0.1℃时,调整试样液面至球塞杆的标记处,再继续保温 1～3 min。

(4)将量筒内装入 25 mL 肥皂水,以利洗涤及读数准确,并使量筒中心正对流孔。

(5)提起球塞,通过标记悬挂在盛样管边上,待流入量筒内试样达到 50 mL 时,启动秒表,待试样流出达到 100 mL 时,按停秒表,读取试样流出 50 mL 所经过的时间(以 s 计),即为试样的黏度。

四、结果整理

(1)同一试样至少平行实验两次,当两次测定的差值不大于平均值的 4% 时,取其平均值的整数作为实验结果。

(2)精密度或允许差:重复性实验的允许差为平均值的 4%。

(3)数据记录表。

沥青标准黏度实验记录表

实验日期: 年 月 日

试样名称					试样编号		
品种及等级					生产厂家		
实验次数	流孔直径/mm	恒温水浴中水温/℃	实验时试样温度/℃	量筒中隔离剂数量/mL	试样流出 50 mL 所需时间(黏度)/s		
					单值	测定值
①							
②							

五、注意事项

(1)实验前必须将量筒内壁用肥皂水润湿,再将量筒内装入 25 mL 肥皂水以利清洗及准确读数。

(2)盛样管内注入试样时,液面不能超过球塞杆垂直时杆上的标记。

实验二　沥青布氏旋转黏度实验

一、实验目的

用布洛克菲尔德(Brookfield)黏度计(简称布氏黏度计)旋转法测定道路沥青在45℃以上温度范围内的表观黏度,以帕斯卡·秒(Pa·s)计。

由本方法测定的不同温度的黏度曲线,用于确定各种沥青混合料的施工温度。

二、仪器设备

布洛克菲尔德黏度计(简称布氏黏度计,见图4-2-1)由下列部分组成:

(1)适用于不同黏度范围的标准高温黏度测量系统,如 LV、RV、HA 或 HB 型系列等,其量程应满足被测改性沥青黏度的要求。

(2)不同型号的转子。

(3)自动温度控制系统,包括恒温控制器、盛样筒、温度传感器等。

(4)数据采集和显示系统,绘图记录设备等。

(5)烘箱:标称温度范围300℃,控温的准确度为1℃。

(6)标准温度计,分度为0.1℃。

(7)秒表。

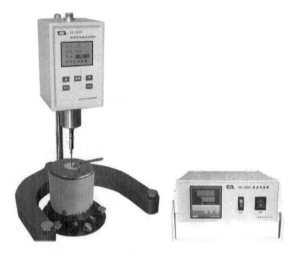

图 4-2-1

三、实验步骤

(1) 按《公路工程沥青及沥青混合料试验规程》要求准备沥青试样,分装在盛样容器中,在烘箱中加热至软化点以上 100℃左右,保温 30～60 min 备用。对改性沥青尤应注意去除气泡。

(2) 布氏黏度计在安装时必须调平,使用前应检查仪器的水准器气泡是否对中。开启黏度计温度控制器电源,设定温度控制系统至要求的实验温度。此系统是否控温准确应在使用前严格标定。

(3) 根据估计的沥青黏度,按仪器说明书规定的不同型号的转子所适用的速率和黏度范围,选择适宜的转子。

(4) 取出沥青盛样容器,适当搅拌,按转子型号所要求的体积向黏度计的盛样筒中添加沥青试样,根据试样的密度换算成质量。加入沥青试样后的液面应符合不同型号转子的规定要求,试样体积应与系统标定时的标准体积一致。

(5) 将转子与盛样筒一起置于已控温至实验温度的烘箱中保温,维持 1.5 h。若实验温度较低时,可将盛样筒试样适当放冷至稍低于实验温度后再放入烘箱中保温。

(6) 取出转子和盛样筒,安装在黏度计上,降低黏度计,使转子插进盛样筒的沥青液面中,至规定的高度。

(7) 使沥青试样在恒温容器中保温,达到实验所需的平衡温度(不少于 15 min)。

(8) 按仪器说明书的要求选择转子速率,例如在 135℃测定时,对 RV、HA、HB 型黏度计可采用 20 r/min,对 LV 型黏度计可采用 12 r/min,在 60℃测定可选用 0.5 r/min 等。

(9) 开动布洛克菲尔德黏度计,观察读数,扭矩读数应在 10%～98%范围内。在整个测量黏度过程中,不能改变设定的转速,改变剪变率。仪器在测定前是否需要归零,可按操作说明书规定进行。

(10) 待读数稍事稳定后,在每个实验温度下,每隔 60 s 读数一次,连续读数 3 次。

(11) 对每个要求的实验温度,重复以上过程进行实验。实验温度宜从低到高,盛样筒和转子的恒温时间应不小于 1.5 h。

(12) 如果在实验温度下的扭矩读数不在 10%～98%范围内,必须更换转子或降低转子转速后重新实验。

(13) 利用布洛克菲尔德黏度计测定的不同温度的表观黏度,通常以 60℃、135℃及 175℃测定的表观黏度为准。根据测得数据绘制黏温曲线。

四、结果整理

(1) 若布洛克菲尔德黏度计的显示面板上具有直接显示黏度、扭矩、剪切应力、剪变率、转速和实验温度等项目的功能,则可直接根据需要记录数据,并以 3 次读数的平均值作为测定值。

(2) 当黏度计不能直接显示读数时,可按仪器厂家提供的仪器常数进行计算,或按式(1)计算沥青在该测定温度条件下的表观黏度。

$$\eta_a = K_n \times \theta \tag{1}$$

式中：η_a——沥青在测定温度条件下的表观黏度，Pa·s；

K_n——布洛克菲尔德仪器常数，由厂家按型号提供；

θ——3次黏度计读数的平均值。

(3) 将在不同温度条件下测定的黏度，绘于黏温曲线中，确定沥青混合料的施工温度。当使用石油沥青时，宜以黏度为(0.17±0.02)Pa·s时的温度作为压实成型温度范围。

(4) 布洛克菲尔德黏度计测定沥青黏度实验报告。

① 记录实验温度、转子的型号和速度，记录沥青表观黏度测量值。

② 绘制黏温曲线，给出推荐的拌合及压实施工温度范围。

沥青布氏旋转黏度实验记录

试验日期：　　年　　月　　日

试样名称							品种及标号		
转子型号							转子速度		
试样编号	实验温度	仪器常数 K_n	黏度计读数 θ/(Pa·s)				黏度测值 /(Pa·s)	黏度 η_a /(Pa·s)
			1	2	3	平均值		

五、注意事项

重复性实验的允许差为平均值的3.5%；复现性实验的允许差为平均值的14.5%。

实验三 沥青针入度实验

一、实验目的

沥青针入度是在规定温度和时间内,附加一定质量的标准针垂直贯入试样的深度,以 0.1 mm 表示。测定沥青针入度,可作为评定沥青黏滞性、确定沥青标号以及控制施工质量的依据。本方法适用于测定道路石油沥青、改性沥青及液体石油沥青蒸馏或乳化沥青蒸发后残留物的针入度。

二、仪器设备

(1)针入度仪(见图 4-3-1);
(2)标准针(见图 4-3-2);
(3)盛样皿(根据针入度不同选择大或小盛样皿)、恒温水槽、平底玻璃皿、温度计、秒表、溶剂(三氯乙烯)、电炉或砂浴、石棉网等。

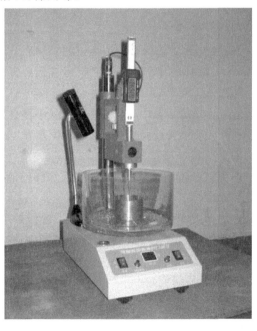

图 4-3-1

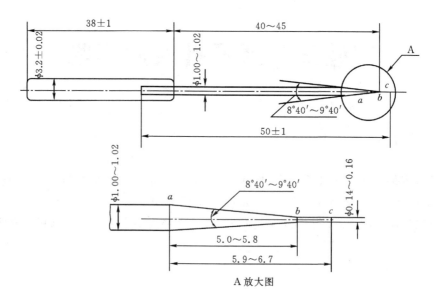

图 4-3-2 针入度标准针(尺寸单位：mm)

三、实验步骤

(1)准备工作：

①按规定的方法将试样脱水、过筛(0.6 mm)。

②按试验要求将恒温水槽调节到要求的试验温度，保持稳定。

③将准备好的沥青试样注入盛样皿中，试样高度应超过预计针入度值 10 mm，并盖上盛样皿。

④盛有试样的盛样皿在 15～30℃室温中冷却 1～1.5 h(小盛样皿)、1.5～2 h(大盛样皿)或 2～2.5 h(特殊盛样皿)后移入保持试验温度±0.1℃的恒温水槽中 1～1.5 h(小盛样皿)、1.5～2 h(大盛样皿)或 2～2.5 h(特殊盛样皿)。

(2)从恒温水槽中取出达到试验温度的盛样皿，并移入水温控制在试验温度±0.1℃(可用恒温水槽中的水)的平底玻璃皿中的三脚支架上。

(3)将盛有试样的平底玻璃皿置于针入度仪的平台上。慢慢放下针连杆，用适当位置的反光镜或灯光反射观察，使针尖恰好与试样表面接触。拉下刻度盘的拉杆，使与针连杆顶端轻轻接触，调节刻度盘或深度指示器的指针指示为零。

(4)开动秒表，在指针正指 5 s 的瞬间，用手紧压按钮，使标准针自动下落贯入试样，经规定时间，松开手指，停压按钮使针停止移动。

(5)拉下刻度盘拉杆与针连杆顶端接触，读取刻度盘指针或位移指示器的读数，准确至 0.5(0.1 mm)。

(6)同一试样平行试验至少 3 次，各测试点之间及与盛样皿边缘的距离不应少于 10 mm。每次试验后应将盛有盛样皿的平底玻璃皿放入恒温水槽，使平底玻璃皿中水温保持试验温度。

四、结果整理

(1)同一试样 3 次平行实验结果的最大值和最小值之差在表 4-3-1 规定偏差范围内时,计算 3 次实验结果的平均值,取整作为针入度实验结果,以 0.1 mm 为单位。

表 4-3-1 针入度平行实验允许偏差值表

针入度/(0.1 mm)	0~49	50~149	150~249	250~500
允许偏差值/(0.1 mm)	2	4	12	20

(2)数据记录表。

沥青针入度实验记录表

实验日期: 年 月 日

试样名称			试样编号				
品种及等级			生产厂家				
试样名称	试样编号	针入时间/s	实验荷重/g	实验温度/℃	针入度读数/(0.1 mm)			针入度测定值/(0.1 mm)
					第一针	第二针	第三针	

五、注意事项

(1)每测一次应换一根干净标准针或取下标准针用蘸有三氯乙烯溶剂的棉花或布擦净,再用干棉花或布擦干,然后进行第二次实验。

(2)测定针入度大于 200 的沥青试样时,至少用 3 支标准针,每次实验后将针留在试样中,直至 3 次平行实验完成后,才能将标准针取出。

(3)对取来的沥青试样不得直接采用电炉或煤气炉明火加热。不得已采用电炉或煤气炉加热脱水时,必须垫放石棉网,时间不超过 30 min。

(4)在沥青灌模过程中如温度下降可放入烘箱中适当加热,试样冷却后反复加热的次数不得超过 2 次,以防沥青老化影响实验结果。在沥青灌模时不得反复搅动沥青,以避免混进气泡。

(5)灌模剩余的沥青应立即清洗干净,不得重复使用。

实验四　沥青延度实验

一、实验目的

沥青延度是"∞"字形状的试样在规定温度下，以一定速度受拉伸至断开时的长度，以 cm 计。沥青延度是反映沥青塑性的重要指标，也是划分中、轻交通道路沥青同标号甲、乙的依据。本方法适用于测定道路石油沥青、液体沥青蒸馏或乳化沥青蒸发残留物的延度。

二、仪器设备

延度仪（见图 4-4-1）、"∞"字试模（见图 4-4-2）、玻璃板、恒温水槽、温度计（0～50℃）、隔离剂（甘油与滑石粉，质量比 2∶1）、砂浴或其它加热炉具、平刮刀、石棉网、酒精、食盐、棉纱等。

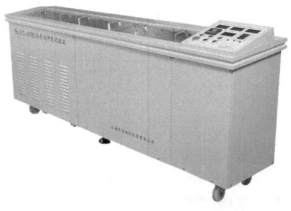

图 4-4-1

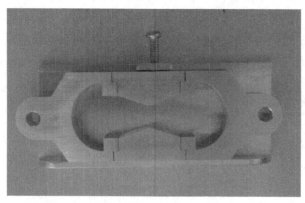

图 4-4-2

三、实验步骤

(1)准备工作：

①按规定的方法将试样脱水、过筛(0.6 mm)。

②将隔离剂拌和均匀,涂于清洁干燥的玻璃板和两个侧模的内侧表面,并将试模在玻璃板上装好。

③将准备好的沥青试样仔细地自试模的一端至另一端往返数次缓缓注入模中,最后略高出试模,灌模时应注意勿使气泡混入。

④试件在室温中冷却 30~40 min,然后置于规定实验温度±0.1℃的恒温水槽中,保持30 min后取出,用热刮刀刮除高出试模的沥青,使沥青面与试模面齐平。沥青的刮法应自试模的中间刮向两端,且表面应刮得平滑。将试模连同底板再浸入规定实验温度的水槽中1~1.5 h。

⑤检查延度仪延伸速度是否符合规定要求,然后移动滑板使其指针正对标尺的零点。将延度仪注水,并保温达实验温度±0.5℃。

(2)将保温后的试件连同底板移入延度仪的水槽中,然后将盛有试样的试模自玻璃板上取下,将试模两端的孔分别套在滑板及槽端固定板的金属柱上,并取下侧模。水面距试件表面应不小于 25 mm。

(3)开动延度仪,并注意观察试样的延伸情况。此时应注意,在实验过程中,水温应始终保持在实验温度规定范围内,当水槽采用循环水时,应暂时中断循环,停止水流。

(4)试件拉断时,读取指针所指标尺上的读数,以 cm 计。在正常情况下,试件延伸时应成锥尖状,拉断时实际断面接近于零。如不能得到这种结果,则应在报告中注明。

四、结果整理

(1)同一试样,每次平行实验不少于 3 个,如 3 个测定结果均大于 100 cm,实验结果记作">100 cm";特殊需要也可分别记录实测值。如 3 个测定结果中,有一个以上的测定值小于100 cm,若最大值或最小值与平均值之差满足重复性实验精密度要求,则取 3 个测定结果的平均值的整数作为延度实验结果,若平均值大于 100 cm,记作">100 cm";若最大值或最小值与平均值之差不符合重复性试验精密度要求时,实验应重新进行。

(2)精密度或允许差：

当试验结果小于 100 cm 时,重复性实验的允许差为平均值的 20%;复现性实验的允许差为平均值的 30%。

(3)数据记录表。

沥青延度实验记录表

实验日期： 年 月 日

试样名称				试样编号			
品种及等级				生产厂家			
试样名称	试样组别	实验温度/℃	实验速度/(cm/min)	延度读数/cm			延度测定值/cm
				试件1	试件2	试件3	

五、注意事项

(1)涂隔离剂时一定不能涂于端模内侧。

(2)实验过程中,仪器不得有振动,水面不得有晃动。

(3)在实验中,如发现沥青细丝浮于水面或沉入槽底时,则应在水中加入酒精或食盐,调整水的密度至与试样相近后,重新实验。

实验五 沥青软化点实验(环球法)

一、实验目的

沥青软化点是试样在规定尺寸的金属环内,上置规定直径和质量的钢球,放于水(或甘油)中,以 5±0.5 ℃/min 的速度加热,至钢球下沉到达规定距离时的温度,以℃计。沥青软化点是反映沥青温度稳定性的指标,该指标可用于控制施工质量。

环球法适用于测定道路石油沥青、煤沥青的软化点,也适用于液体石油沥青经蒸馏或乳化沥青破乳蒸发后残留物的软化点。

二、仪器设备

(1)软化点实验仪(钢球、试样环、钢球定位环、金属支架、耐热玻璃烧杯、温度计等),(见图4-5-1);

(2)环夹、加热炉具、玻璃板、恒温水槽、平直刮刀、隔离剂(甘油与滑石粉,质量比为2:1)、洁净水、石棉网。

图 4-5-1

三、实验步骤

1. 准备工作

(1) 按规定的方法将试样脱水、过筛(0.6 mm)。

(2) 将隔离剂拌和均匀,涂于清洁干燥的玻璃板上。

(3) 将准备好的沥青试样徐徐注入试样环内至略高出环面为止,在室温冷却 30 min 后,用环夹夹着试样环,并用热刮刀刮除环面上的试样,使其与环面齐平。

2. 软化点测定

(1) 试样软化点在 80℃ 以下者:

① 实验前将装有试样的试样环连同试样底板置于装有 5±0.5℃ 水的恒温水槽中至少 15 min;同时将金属支架、钢球、钢球定位环等也置于相同水槽中。

② 烧杯内注入新煮沸并冷却至 5℃ 的洁净水,水面略低于立杆上的深度标记。

③ 从恒温水槽中取出盛有试样的试样环放置在支架中层板的圆孔中,套上定位环;然后将整个环架放入烧杯中,调整水面至深度标记,并保持水温为 5±0.5℃。环架上任何部分不得附有气泡。将 0~80℃ 的温度计由上层板中心孔垂直插入,使端部测温头底部与试样环下面齐平。

④ 将盛有水和环架的烧杯移至放有石棉网的加热炉具上,然后将钢球放在定位环中间的试样中央,立即开动振荡搅拌器,使水微微振荡,并开始加热,使杯中水温在 3 min 内调节至维持每分钟上升 5±0.5℃。在加热过程中,应记录每分钟上升的温度值。

⑤ 试样受热软化逐渐下坠,至与下层底板表面接触时,立即读取温度,准确至 0.5℃。

(2) 试样软化点在 80℃ 以上者:

① 将装有试样的试样环连同试样底板置于装有 32±1℃ 甘油的恒温槽中至少 15 min;同时将金属支架、钢球、钢球定位环等也置于甘油中。

② 在烧杯内注入预先加热至 32℃ 的甘油,其液面略低于立杆上的深度标记。

③ 从恒温槽中取出装有试样的试样环,按上述方法进行测定(液体为甘油),准确至 1℃。

四、结果整理

(1) 同一试样平行实验两次,当两次测定值的差值符合重复性实验精密度要求时,取其平均值作为软化点实验结果,准确至 0.5℃。

(2) 精密度或允许差:

① 当试样软化点小于 80℃ 时,重复性实验的允许差为 1℃,复现性实验的允许差为 4℃。

② 当试样软化点等于或大于 80℃ 时,重复性实验的允许差为 2℃,复现性实验的允许差为 8℃。

(3)数据记录表。

沥青软化点实验记录表

实验日期：　　年　　月　　日

试样名称																试样编号		
品种及等级																生产厂家		
室内温度/℃																烧杯内液体种类		
开始加热时间																开始加热液体温度/℃		
实验次数	加热烧杯中液体在下列各分钟末温度上升记录/℃															软化点/℃		软化点测定值/℃
	1	2	3	4	5	6	7	8	9	10	11	12	13	14	15	钢球一	钢球二	
①																		
②																		

五、注意事项

(1)实验前养护时,钢球、钢球定位环、金属支架等应与试样养护同环境、同时。

(2)在加热过程中,应记录每分钟上升的温度值,如温度上升速度超出 5±0.5℃时,则应重做试验。

第五章

沥青混合料设计实验

参考标准:《公路工程沥青及沥青混合料试验规程》
(JTG E20—2011)

实验一 沥青混合料理论最大相对密度实验
（真空法）
实验二 沥青混合料车辙实验
实验三 沥青混合料试件制作（击实法）
实验四 沥青混合料试件密度实验（表干法）
实验五 沥青混合料马歇尔稳定度实验

实验一　沥青混合料理论最大相对密度实验（真空法）

一、实验目的

本实验采用真空法测定沥青混合料理论最大相对密度，此法所得数据可供沥青混合料配合比设计、路况调查或路面施工质量管理计算空隙率、压实度等使用。本方法不适用于吸水率大于3%的多孔性集料的沥青混合料。

二、仪器设备

(1)天平：称量5 kg以上，感量不大于0.1 g；称量2 kg以下，感量不大于0.05 g。

(2)负压容器：根据试样数量选用表5-1-1中的A、B、C任何一种类型。负压容器口带橡皮塞，上接橡胶管，管口下方有滤网，可防止细料部分吸入胶管。为便于抽真空时观察气泡情况，负压容器至少有一面透明或者采用透明的密封盖。

表5-1-1　负压容器类型

类型	容器	附属设备
A	耐压玻璃、塑料或金属制的罐，容积大于2000 mL	有密封盖，接真空胶管，分别与真空装置和压力表连接
B	容积大于2000 mL的真空容量瓶	带胶皮塞，接真空胶管，分别与真空装置和压力表连接
C	4000 mL耐压真空器皿或干燥器	带胶皮塞，接真空胶管，分别与真空装置和压力表连接

(3)真空负压装置：由真空泵、真空表、调压装置、压力表及干燥或积水装置等组成。

①真空泵应使负压容器内产生3.7±0.3 kPa(27.5±2.5 mmHg)负压；真空表分度值不得大于2 kPa。

②调压装置应具备过压调节功能，以保持负压容器的负压稳定在要求范围内，同时还应具有卸除真空压力的功能。

③压力表应经过标定，能够测定0~4 kPa(0~30 mmHg)负压。当采用水银压力表时分度值为1 mmHg，示值误差为2 mmHg；非水银压力表分度值为0.1 kPa，示值误差为0.2 kPa。压力表不得直接与真空装置连接，应单独与负压容器相接。

④采用干燥或积水装置主要是为了防止负压容器内的水分进入真空泵内。

⑤振动装置：实验过程中根据需要可以开启或关闭。

⑥恒温水槽：水温控制在25±0.5℃。

⑦温度计:分度值0.5℃。
⑧其他:玻璃板、平底盘、铲子等。

图 5-1-1 沥青混合料理论最大相对密度装置

三、实验步骤

1. 准备工作

(1)按以下几种方法获取沥青混合料试样,试样数量不宜少于表 5-1-2 的规定数量。

表 5-1-2 沥青混合料试样数量

公称最大粒径/mm	试样最小质量/g	公称最大粒径/mm	试样最小质量/g
4.75	500	26.5	2500
9.5	1000	31.5	3000
13.2、16	1500	37.5	3500
19	2000		

①按照《公路工程沥青及沥青混合料试验规程》(T 0702—2011)的方法拌制沥青混合料,分别拌制两个平行试样,放置于平底盘中。

②按照《公路工程沥青及沥青混合料试验规程》(T 0701—2011)沥青混合料取样方法从拌和楼、运料车或摊铺现场取样,趁热缩分成两个平行试样,分别放置于平底盘中。

③从沥青路面上钻芯取样或切割的试样,或者其他来源的冷沥青混合料,应置 125±5℃烘箱中加热至变软、松散,然后缩分成两个平行试样,分别放置于平底盘中。

(2)将平底盘中的热沥青混合料在室温中冷却或者用电风扇吹,一边冷却一边将沥青混合料团块仔细分散,粗集料不破碎,细集料团块分散到粒径小于 6.4 mm。若混合料坚硬时可用烘箱适当加热后再分散,加热温度不超过 60℃。分散试样时可用铲子翻动、分散,在温度较低时应用手掰开,不得用锤打,防止集料破碎。当试样是从施工现场采取的非干燥混合料时,应用电风扇吹干至恒重后再操作。

(3)负压容器标定方法:

①采用 A 类容器时,将容器全部浸入 25±0.5℃的恒温水槽中。负压容器完全浸没、恒温 10±1 min 后,称取容器的水中质量 m_1。

②B、C 类负压容器:

A. 大端口的负压容器,需要有大于负压容器端口的玻璃板。将负压容器和玻璃板放进水槽中,注意轻轻摇动负压容器使容器内气泡排除。恒温 10±1 min,取出负压容器和玻璃板,向负压容器内加 25±0.5℃水至液面稍微溢出,用玻璃板先盖住容器端口 1/3,然后慢慢沿容器端口水平方向移动,盖住整个端口,注意查看有没有气泡。擦除负压容器器壁上的水,称取盛满水的负压容器质量为 m_b。

B. 小口的负压容器,需要采用中间带垂直孔的塞子,其下部为凹槽,以便于空气从孔中排除。将负压容器和塞子放进水槽中,注意轻轻摇动负压容器使容器内气泡排除。恒温 10±1 min,在水中将瓶塞塞进瓶口,使多余的水由瓶塞上的孔中挤出。取出负压容器,用干净软布将负压容器瓶塞顶部擦拭一次,再迅速擦除负压容器外面的水分,最后称其质量 m_b。

(4)将负压容器干燥、编号,称取其干燥质量。

2. 实验步骤

(1)将沥青混合料试样装入干燥的负压容器中,称容器及沥青混合料总质量,得到试样的净质量 m_a。试样质量应不小于表 5-1-2 规定的最小数量。

(2)在负压容器中注入 25±0.5℃的水,将混合料全部浸没,并较混合料顶面高出约 2 mm。

(3)将负压容器放到试验仪上,与真空泵、压力表等连接;开动真空泵,使负压容器内负压在 2 min 内达到 3.7±0.3 kPa(27.5±2.5 mmHg),开始计时,同时开动振动装置并抽真空,持续 15±2 min。

为使气泡容易除去,实验前可在水中加质量-体积浓度为 0.01% 的表面活性剂(每 100 mL 水中加 0.01 g 洗涤灵)。

(4)当抽真空结束后,关闭真空装置和振动装置,打开调压阀慢慢卸压,卸压速度不得大于 8 kPa/s(通过真空表读数控制),使负压容器内压力逐渐恢复。

(5)当负压容器采用 A 类容器时,将盛试样的容器浸入保温至 25±0.5℃的恒温水槽中,恒温 10±1 min 后,称取负压容器与沥青混合料的水中质量(m_2)。

(6)当负压容器采用 B、C 类容器时,将装有沥青混合料试样的容器浸入保温至 25±0.5℃的恒温水槽中,恒温 10±1 min,注意容器中不得有气泡,擦净容器外的水分,称取容器、水和沥青混合料试样的总质量(m_c)。

四、结果整理

1. 采用 A 类容器时,沥青混合料的理论最大相对密度按式(1)计算。

$$\gamma_t = \frac{m_a}{m_a - (m_2 - m_1)} \tag{1}$$

式中:γ_t——沥青混合料理论最大相对密度;

m_a——干燥沥青混合料试样的空气中质量,g;

m_1——负压容器在 25℃水中的质量,g;

m_2——负压容器与沥青混合料在25℃水中的质量,g

2. 采用B、C类容器作负压容器时,沥青混合料的理论最大相对密度按式(2)计算。

$$\gamma_t = \frac{m_a}{m_a+(m_b-m_c)} \tag{2}$$

式中:m_b——装满25℃水的负压容器质量,g;

m_c——25℃时试样、水与负压容器的总质量,g。

3. 沥青混合料25℃时的理论最大密度按式(3)计算。

$$\rho_t = \gamma_t \times \rho_w \tag{3}$$

式中:ρ_t——沥青混合料的理论最大密度,g/cm³;

ρ_w——25℃时水的密度,0.9971 g/cm³。

4. 修正实验。

(1) 需要进行修正实验的情况有以下几种:

①对现场钻取芯样或切割后的试件,粗集料有破碎情况,破碎面没有裹覆沥青;

②沥青与集料拌和不均匀,部分集料没有完全裹覆沥青。

(2) 修正实验步骤:

①完成实验步骤(5)后,将负压容器静置一段时间使混合料沉淀后,使容器慢慢倾斜,使容器内水通过0.075 mm筛滤掉。

②将残留部分水的沥青混合料细心倒入一个平底盘中,然后用适量水涮洗容器和0.075 mm筛网,并将其也倒入平底盘中,重复几次直到无残留混合料。

③静置一段时间后,稍微提高平底盘一端,使试样中部分水倒出平底盘,并用吸耳球慢慢吸去水。

④将试样在平底盘中尽量摊开,用吹风机或电风扇吹干,并不断翻拌。每15 min称量一次,当两次质量相差小于0.05%时,认为达到表干状态,称取质量为表干质量,用表干质量代替m_a重新计算。

5. 数据记录表。

沥青混合料理论最大相对密度试验(真空法)实验记录表

实验日期:　　年　　月　　日

试样编号	容器类型	干燥试样在空气中质量 m_a/g	负压容器在25℃水中质量 m_1/g	装满25℃水的负压容器与试样质量 m_b/g	试样理论最大相对密度	试样在25℃水中理论最大密度测值 $\rho_t=\gamma_t \times \rho_w$ /(g/cm³)	理论最大密度测值 /(g/cm³)	理论最大相对密度测值
1								
2								

五、注意事项

(1)同一试样至少平行实验两次,计算平均值作为实验结果,取 3 位小数。采用修正实验时需要在报告中注明。

(2)重复性实验的允许误差为 0.011 g/cm³,再现性实验的允许误差为 0.019 g/cm³。

实验二　沥青混合料车辙实验

一、实验目的

本实验为测定沥青混合料的高温抗车辙能力,供沥青混合料配合比设计时的高温稳定性检验使用,也可用于现场沥青混合料的高温稳定性检验。

车辙实验的温度与轮压(试验轮与试件的接触压强)可根据有关规定和需要选用,非经注明,实验温度为60℃,轮压为0.7 MPa。根据需要,如在寒冷地区也可采用45℃,在高温条件下实验温度可采用70℃等,对重载交通的轮压可增加至1.4 MPa,但应在报告中注明。计算动稳定度的时间原则上为实验开始后45~60 min。

本方法适用于按《公路工程沥青及沥青混合料试验规程》(T 0703—2011)用轮碾成型机(见图5-2-1)碾压成型的长300 mm、宽300 mm、厚50~100 mm的板块状试件。根据工程需要也可采用其他尺寸的试件。本方法也适用于现场切割板块状试件,切割试件的尺寸根据现场面层的实际情况由实验确定。

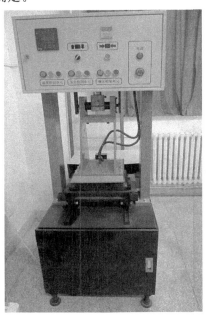

图5-2-1　轮碾装置

二、仪器设备

(1)车辙试验机(见图5-2-2)它主要由下列部分组成。

①试件台:可牢固地安装两种宽度(300 mm 及 150 mm)规定尺寸试件的试模。

②试验轮:橡胶制的实心轮胎,外径 200 mm,轮宽 50 mm,橡胶层厚 15 mm。橡胶硬度(国际标准硬度)20℃时为 84±4,60℃时为 78±2。试验轮行走距离为 230±10 mm,往返碾压速度为 42±1 次/min(21 次往返/min)。采用曲柄连杆驱动加载轮往返运行方式。

注:轮胎橡胶硬度应注意检验,不符合要求者应及时更换。

③加载装置:通常情况下试验轮与试件的接触压强在 60℃时为 0.7±0.05 MPa,施加的总荷载为 780 N 左右,根据需要可以调整接触压强大小。

④试模:由钢板制成,包括底板及侧板,试模内侧尺寸宜采用长为 300 mm,宽为 300 mm,厚为 50～100 mm,也可根据需要对厚度进行调整。

⑤试件变形测量装置:自动采集车辙变形并记录曲线的装置,通常用位移传感器 LVDT 或非接触位移计。位移测量范围 0～130 mm,精度±0.01 mm。

⑥温度检测装置:自动检测并记录试件表面及恒温室内温度的温度传感器,测量精度为±0.5℃。温度应能自动连续记录。

(2)恒温室:恒温室应具有足够的空间。车辙试验机必须整机安放在恒温室内,装有加热器、气流循环装置并装有自动温度控制设备,同时恒温室还应有至少能保温 3 块试件并进行实验的条件。保持恒温室温度 60±1℃(试件内部温度 60±0.5℃),根据需要也可采用其他实验温度。恒温室及电脑控制系统如图 5-2-3 所示。

(3)台秤:称量 15 kg,感量不大于 5 g。

图 5-2-2

图 5-2-3 恒温室及电脑控制系统

三、实验步骤

1. 准备工作

①试验轮接地压强测定:测定在 60℃时进行,在试验台上放置一块 50 mm 厚的钢板,其上铺一张毫米方格纸,上铺一张新的复写纸,以规定的 70 N 荷载后试验轮静压复写纸,即可在方格纸上得出轮压面积,并由此求得接地压强。当压强不符合 0.7±0.05 MPa 时,荷载应予适当调整。

②按规程 T 0703 用轮碾成型法制作车辙实验试块。在实验室或工地制备成型的车辙试件,板块状试件尺寸为长 300 mm×宽 300 mm×厚 50～100 mm(厚度根据需要确定)。也可

从路面切割得到需要尺寸的试件。

③当直接在拌和厂取拌和好的沥青混合料样品制作车辙实验试件,检验生产配合比设计或混合料生产质量时,必须将混合料装入保温桶中,在温度下降至成型温度之前迅速送达实验室制作试件。如果温度稍有不足,可放在烘箱中稍事加热(时间不超过 30 min)后成型,但不得将混合料放冷却后二次加热重塑制作试件。重塑制件的实验结果仅供参考,不得用于评定配合比设计是否合格的标准。

④如需要,将试件脱模按规程规定的方法测定密度及空隙率等各项物理指标。

⑤试件成型后,连同试模一起在常温条件下放置的时间不得少于 12 h。对聚合物改性沥青混合料,放置的时间以 48 h 为宜,使聚合物改性沥青充分固化后方可进行车辙实验,室温放置时间不得长于一周。

2. 实验步骤

①将试件连同试模一起,置于已达到实验温度 60±1℃的恒温室中,保温不少于 5 h,也不得超过 12 h。在试件的试验轮不行走的部位上,粘贴一个热电偶温度计(也可在试件制作时预先将热电偶导线埋入试件一角),控制试件温度稳定在 60±0.5℃。

②将试件连同试模移置于轮辙试验机的试验台上,试验轮在试件的中央部位,其行走方向须与试件碾压或行车方向一致。开动车辙变形自动记录仪,然后启动试验机,使试验轮往返行走,时间约 1 h,或最大变形达到 25 mm 时为止。实验时,记录仪自动记录变形曲线及试件温度。

注:对实验变形较小的试件,也可对一块试件在两侧 1/3 位置上进行两次实验,然后取平均值。

四、结果整理

1. 当变形过大,在未到 60 min 变形已达 25 mm 时,则以达到 25 mm(d_2)的时间为 t_2,将其前 15 min 作为 t_1,此时的变形量为 d_1。

2. 沥青混合料试件的动稳定度按式(1)计算。

$$DS = \frac{(t_2 - t_1) \times N}{d_2 - d_1} \times C_1 \times C_2 \tag{1}$$

式中:DS——沥青混合料的动稳定度,次/min;

d_1——对应于时间 t_1 的变形量,mm;

d_2——对应于时间 t_2 的变形量,mm;

C_1——试验机类型系数,曲柄连杆驱动加载轮往返运行方式为 1.0;

C_2——试件系数,实验室制备宽 300 mm 的试件为 1.0;

N——试验轮往返碾压速度,通常为 42 次/min。

3. 数据记录表

沥青混合料车辙实验记录表

实验日期： 年 月 日

试件编号	试件尺寸 /mm			试件毛体积相对密度	理论最大相对密度	试件空隙率/(%)	试件系数 C_2	试验机类型修正系数 C_1	时间 t_1、t_2 /min	变形量 d_1、d_2 /mm	试件动稳定度测值/(次/min) $DS=\dfrac{(t_2-t_1)\times N}{d_2-d_1}\times C_1 \times C_2$	动稳定度 /(次/min)
	长 a	宽 b	高 h									

五、注意事项

(1)同一沥青混合料或同一路段路面,至少平行实验3个试件。当3个试件动稳定度变异系数不大于20%时,取其平均值作为实验结果;变异系数大于20%时应分析原因,并追加实验。如计算动稳定度值大于6000次/mm,记作:>6000次/mm。

(2)实验报告应注明实验温度、试验轮接地压强、试件密度、空隙率及试件制作方法等。

(3)重复性实验动稳定度变异系数不大于20%。

实验三　沥青混合料试件制作(击实法)

一、实验目的

本实验用标准击实法或大型击实法制作沥青混合料试件,以供实验室进行沥青混合料物理力学性质实验使用。

标准击实法适用于马歇尔实验、间接抗拉实验(劈裂法)等所使用的 $\phi 101.6$ mm×63.5 mm 圆柱体试件的成型。大型击实法适用于 $\phi 152.4$ mm×95.3 mm 的大型圆柱体试件的成型。

沥青混合料试件制作时,矿料规格及试件数量应符合要求。实验室成型的一组试件的数量不得少于4个,必要时宜增加至5~6个。

二、仪器设备

(1)天平或电子天平(见图5-3-1)、脱模器(见图5-3-2);

(2)标准击实仪(见图5-3-3)、标准击实台、拌和机(容量不小于10 L,见图5-3-4);

(3)试模、烘箱、插刀或大螺丝刀、温度计(0~300℃)、滤纸、棉纱等。

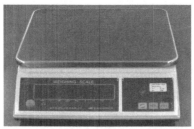

图5-3-1

图5-3-2

图 5-3-3

图 5-3-4

三、实验步骤

1. 准备工作。

(1) 确定制作沥青混合料试件的拌和与压实温度,可参照表 5-3-1 执行。

表 5-3-1 沥青混合料拌和及压实温度参考表

沥青混合料种类	拌合温度/℃	压实温度/℃
石油沥青	130~160	120~150
煤沥青	90~120	80~110
改性沥青	160~175	140~170

(2) 按规定在拌和厂或施工现场采集沥青混合料试样。将试样置于烘箱中或加热的砂浴上保温。

(3) 在实验室人工配制沥青混合料时,材料准备应按下列步骤进行:

① 将各种规格的矿料置于 105±5℃ 的烘箱中烘干至恒重(一般不少于 4 h)。

② 按规定的试验方法分别测定不同粒径规格粗、细集料和填料(矿粉)的各种密度,以及沥青的密度。

③ 将烘干分级的粗细集料,按每个试件设计级配要求称其质量,在一金属盘中混合均匀;矿粉单独加热,置烘箱中预热至沥青拌和温度以上约 15℃(采用石油沥青时通常为 163℃;采用改性沥青时通常需 180℃)备用。一般按一组试件(每组 4~6 个)备料,但进行配合比设计时宜对每个试件分别备料。

④ 将采集的沥青试样用恒温烘箱或油浴、电热套熔化加热至规定的沥青混合料拌和温度备用,但不得超过 175℃。

(4) 用沾有少许黄油的棉纱擦净试模、套筒及击实座等,置 100℃ 左右烘箱中加热 1 h 备用。常温沥青混合料用试模不加热。

2. 操作步骤

(1)拌制沥青混合料(黏稠石油沥青或煤沥青混合料)。

①将沥青混合料拌和机预热至拌和温度以上10℃左右备用。

②将每个试件预热的粗、细集料置于拌和机中,用小铲子适当混合,然后再加入需要数量的已加热至拌和温度的沥青(当沥青已称量在一专用容器内时,可在倒掉沥青后用一部分热矿粉擦拭沾在容器壁上的沥青一起倒入拌和锅中),开动拌和机,一边搅拌一边将拌和叶片插入混合料中,拌和1~1.5 min,然后暂停拌和,加入单独加热的矿粉,继续拌和至均匀为止,并使沥青混合料保持要求的拌和温度范围内。标准的总拌和时间为3 min。

(2)将拌好的沥青混合料,均匀称取一个试件所需的用量(标准马歇尔试件约1200 g,大型马歇尔试件约4050 g)。当已知沥青混合料的密度时,可根据试件的标准尺寸计算并乘以1.03得到要求的混合料数量。当一次拌和几个试件的混合料时,宜将其倒入经预热的金属盘中,用小铲适当拌和均匀并分成几份,分别取用。在试件制作过程中,为防止混合料温度下降,应连盘放在烘箱中保温。

(3)从烘箱中取出预热的试模及套筒,用沾有少许黄油的棉纱擦拭套筒、底座及击实锤底面,将试模装在底座上,垫一张圆形的吸油性小的纸,按四分法从四个方向用小铲将混合料铲入试模中,用插刀或大螺丝刀沿周边插捣15次,中间插捣10次。插捣后将沥青混合料表面整平成凸圆弧面。

(4)插入温度计至混合料中心附近,检查混合料温度。

(5)待混合料温度符合要求的压实温度后,将试模连同底座一起在击实台上固定,在装好的混合料上面垫一张吸油性小的圆纸,再将装有击实锤及导向棒的压实头插入试模中,然后开启电动机或人工使击实锤从457 mm的高度自由落下,击实规定的次数(75、50或35次)。

(6)试件击实一面后,取下套筒,将试模翻面,装上套筒,然后以同样的方法和次数击实另一面。

(7)试件击实结束后,立即用镊子取掉上下面的纸,用游标卡尺量取试件离试模上口的高度并由此计算试件高度。如高度不符合要求,试件应作废,并按下式调整试件的混合料质量,以保证高度符合63.5±1.3 mm(标准试件)或95.3±2.5 mm(大型试件)的要求。

$$调整后混合料质量 = \frac{要求试件高度 \times 原用混合料质量}{所得试件的高度}$$

(8)卸去套筒和底座,将装有试件的试模横向放置冷却至室温后(不少于12 h),置脱模机上脱出试件。

(9)将试件仔细置于干燥洁净的平面上,供实验用。

四、结果整理

见实验报告部分实验五的马歇尔实验记录表。

五、注意事项

(1)沥青称量方法采用减量法。

(2)对实验室实验研究、配合比设计及采用机械拌和施工的工程,严禁采用人工炒拌法热拌沥青混合料。

(3)对大型马歇尔试件,装模时混合料分两次加入,每次插捣次数同上。

(4)用于现场马歇尔指标检验的试件,在施工质量检验过程中如急需实验,允许采用电风扇吹冷 1 h 或浸水冷却 3 min 以上的方法脱模,但浸水脱模法不能用于测量密度、空隙率等物理指标。

实验四　沥青混合料试件密度实验（表干法）

一、实验目的

用表干法测定吸水率不大于2%的各种沥青混合料试件,包括Ⅰ型或较密实的Ⅱ型沥青混凝土、抗滑表层混合料、沥青玛蹄脂碎石混合料（SMA）试件的毛体积相对密度或毛体积密度。

本实验测定的毛体积密度用于计算沥青混合料试件的空隙率、矿料间隙率等各项体积指标。

二、仪器设备

浸水天平或电子秤、网篮、溢流水箱、试件悬吊装置、秒表、毛巾、电风扇或烘箱。

三、实验步骤

(1) 选择适宜的浸水天平或电子秤,最大称量应不小于试件质量的1.25倍,且不大于试件质量的5倍。

(2) 除去试件表面的浮粒,称取干燥试件的空中质量(m_a),根据选择的天平的感量读数,准确至0.1 g。

(3) 挂上网篮,浸入溢流水箱中,调节水位,将天平调平或复零,把试件置于网篮中（注意不要晃动水）浸入水中3～5 min,称取试件水中质量(m_w)。

(4) 从水中取出试件,用洁净柔软的拧干湿毛巾轻轻擦去试件的表面水（不得吸走空隙内的水）,称取试件的表干质量(m_f)。

四、结果整理

1. 计算试件的吸水率,保留1位小数。

试件的吸水率即试件吸水体积占沥青混合料毛体积的百分率,按式(1)计算

$$S_a = \frac{m_f - m_a}{m_f - m_w} \times 100\% \tag{1}$$

式中：S_a——试件的吸水率,%；

m_a——干燥试件的空中质量,g；

m_w——试件的水中质量,g;

m_f——试件的表干质量,g。

2.计算试件的毛体积相对密度和毛体积密度,保留3位小数。

当试件的吸水率符合$S_a<2\%$要求时,试件的毛体积相对密度和毛体积密度按式(2)及式(3)计算,当吸水率$S_a>2\%$要求时,应改用蜡封法测定。

$$\gamma_f = \frac{m_a}{m_f - m_w} \tag{2}$$

$$\rho_f = \frac{m_a}{m_f - m_w} \times \rho_w \tag{3}$$

式中:γ_f——用表干法测定的试件毛体积相对密度度,无量纲;

ρ_f——用表干法测定的试件毛体积密度,g/cm³;

ρ_w——常温水的密度,约等于1 g/cm³。

3.试件的空隙率按式(4)计算,取1位小数。

$$VV = (1 - \frac{\gamma_f}{\gamma_t}) \times 100 \tag{4}$$

式中:VV——试件的空隙率,%;

γ_f——试件的毛体积相对密度,无量纲。

γ_t——沥青混合料理论最大相对密度,无量纲。

4.计算试件的理论最大相对密度或理论最大密度,保留3位小数。

(1)当已知试件的油石比时,试件的理论最大相对密度可按式(5)计算。当已知试件的沥青含量时,试件的理论最大相对密度按式(6)计算。

$$\gamma_{ti} = \frac{100 + P_{ai}}{\frac{100}{\gamma_{se}} + \frac{P_{ai}}{\gamma_b}} \tag{5}$$

$$\gamma_{ti} = \frac{100}{\frac{P_{si}}{\gamma_{se}} + \frac{P_{bi}}{\gamma_b}} \tag{6}$$

式中:γ_{ti}——相对于计算沥青用量P_{bi}时沥青混合料的最大理论相对密度,无量纲;

P_{ai}——所计算的沥青混合料中的油石比,%;

P_{bi}——所计算沥青混合料的沥青用量,%;

P_{si}——所计算沥青混合料的矿料含量,%;

γ_{se}——矿料有效相对密度,无量纲;

γ_b——沥青的相对密度(25℃/25℃),无量纲。

$$\gamma_{se} = \frac{100 - P_b}{\frac{100}{\gamma_t} + \frac{P_b}{\gamma_b}} \tag{7}$$

5.计算沥青混合料被矿料吸收的比例及有效沥青含量、有效沥青体积百分率,结果保留1位小数。

$$P_{ba} = \frac{\gamma_{se} - \gamma_{sb}}{\gamma_{se} \times \gamma_{sb}} \times \gamma_b \times 100 \tag{8}$$

$$P_{be} = P_b - \frac{P_{ba}}{100} \times 100 \tag{9}$$

$$V_{be} = \frac{\gamma_f \times P_{be}}{\gamma_b} \tag{10}$$

式中：P_{ba}——沥青混合料中被矿料吸收的沥青质量占矿料总质量的百分率，%；

P_{be}——沥青混合料中的有效沥青含量，%；

V_{be}——沥青混合料试件的有效沥青体积百分率，%。

6. 试件中的矿料间隙率，可按式(11)计算

$$VMA = (1 - \frac{\gamma_f}{\gamma_{sb}} \times \frac{P_s}{100}) \times 100\% \tag{11}$$

式中：VMA——沥青混合料试件的矿料间隙率，%；

P_s——各种矿料占沥青混合料总质量的百分率之和，即 $P_s = 100 - P_b$，%，其中，P_b 为沥青用量，即沥青质量占沥青混合料总质量的百分比，%；

γ_{sb}——矿料合成毛体积相对密度，按式(12)计算

$$\gamma_{sb} = \frac{100}{\frac{P_1}{\gamma_1} + \frac{P_2}{\gamma_2} + \cdots + \frac{P_n}{\gamma_n}} \tag{12}$$

式中：P_1、P_2、$\cdots$、P_n——各种矿料占矿料总质量的百分率，%，其和为 100；

γ_1、γ_2、$\cdots$、γ_n——各种矿料的相对密度，无量纲。

7. 试件的沥青饱和度按式(13)计算，取 1 位小数。

$$VFA = \frac{VMA - VV}{VMA} \times 100 \tag{13}$$

式中：VFA——试件的有效沥青饱和度，%。

8. 记录见实验报告部分实验五的马歇尔实验记录表。

五、注意事项

(1) 若天平读数持续变化，不能很快达到稳定，说明试件吸水较严重，不适合用此法测定，应改用蜡封法测定。

(2) 对从路上钻取的非干燥试件可先称取水中质量(m_w)，然后用电风扇将试件吹干至恒重(一般不少于 12 h，当不需要进行其它实验时，也可用 60±5℃烘箱烘干至恒重)，再称取空中质量(m_a)。

实验五　沥青混合料马歇尔稳定度实验

一、实验目的

本实验测定沥青混合料的马歇尔稳定度和浸水马歇尔稳定度，所得数据可进行沥青混合料的配合比设计或沥青路面施工质量检验。

本方法适用于按规范规定成型的标准马歇尔试件圆柱体和大型马歇尔试件圆柱体。

二、仪器设备

沥青混合料马歇尔试验仪(见图5-5-1)、恒温水槽(见图5-5-2)、烘箱、天平、温度计、游标卡尺等。

图5-5-1

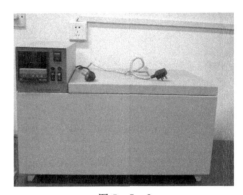

图5-5-2

三、实验步骤

1. 准备工作

(1) 按标准击实法成型马歇尔试件，其尺寸应符合直径101.6±0.2 mm、高63.5±1.3 mm的要求。一组试件的数量不得少于4个，并符合规范规定。

(2) 量测试件的直径及高度：用游标卡尺测量试件中部的直径，用马歇尔试件高度测定器或用游标卡尺在十字对称的4个方向量测离试件边缘10 mm处的高度，准确至0.1 mm，并以其平均值作为试件的高度。

(3) 按规范规定的方法测定试件的密度、计算试件空隙率、沥青体积百分率、沥青饱和度、矿料间隙率等物理指标。

(4) 将恒温水槽调节至要求的实验温度，对黏稠石油沥青或烘箱养生过的乳化沥青混合料为 60±1℃。

2.标准马歇尔实验方法

(1)将试件置于已达规定温度的恒温水槽中保温,保温时间(对标准马歇尔试件)需 30～40 min。试件之间应有间隔,底下应垫起,离容器底部不小于 5 cm。

(2)将马歇尔试验仪的上下压头放入水槽或烘箱中达到同样温度。将上下压头从水槽或烘箱中取出擦拭干净内面。为使上下压头滑动自如,可在下压头的导棒上涂少量黄油,再将试件取出置于下压头上,盖上上压头,然后装在加载设备上。

(3)当采用自动马歇尔试验仪时,将自动马歇尔试验仪的压力传感器、位移传感器与计算机或 X—Y 记录仪正确连接,调整好计算机或将 X—Y 记录仪的记录笔对准原点。

(4)动加载设备,使试件承受荷载,加载速度为 50±5 mm/min。计算机或 X—Y 记录仪自动记录传感器压力和试件变形曲线并将数据自动存入计算机。

(5)记录或打印试件的稳定度和流值。

四、结果整理

1.从记录仪上读取试件的稳定度和流值。稳定度(MS),以 kN 计,准确至 0.01 kN。流值(FL),以 mm 计,准确至 0.1 mm。

2.试件的马歇尔模数按式(1)计算

$$T=\frac{MS}{FL} \tag{1}$$

式中:T——试件的马歇尔模数,kN/mm;

　　　MS——试件的稳定度,kN;

　　　FL——试件的流值,mm。

3.记录见实验报告部分实验五的马歇尔实验记录表。

五、注意事项

(1)如标准马歇尔试件高度不符合 63.5±1.3 mm 的要求,或两侧高度差大于 2 mm 时,此试件应作废。

(2)从恒温水槽中取出试件至测出最大荷载值的时间不得超过 30 s。

(3)当一组测定值中某个测定值与平均值之差大于标准差的 k 倍时,该测定值应予舍弃,并以其余测定值的平均值作为实验结果。当试件数目 n 为 3、4、5、6 时,k 值分别为 1.15、1.46、1.67、1.82。

(4)采用自动马歇尔实验时,实验结果应附上荷载-变形曲线原件或自动打印结果,并报告马歇尔稳定度、流值、马歇尔模数,以及试件尺寸、试件的密度、空隙率、沥青用量、沥青体积百分率、沥青饱和度、矿料间隙率等各项物理指标。

第二部分 实验报告

砂石材料技术性质

实验一 水泥混凝土用粗集料针、片状颗粒含量实验（规准仪法）

实验日期：_____ 实验组别：_____ 实验成绩：_____

一、实验目的及原理

二、实验器材

三、实验步骤

四、实验数据记录及分析

水泥混凝土用粗集料针、片状颗粒含量实验记录表

试验日期：　　年　　月　　日

试样名称			试样编号		
试样总质量/g	粒 级/mm	各粒级质量/g	各粒级针、片状颗粒质量/g	试样针、片状颗粒总质量/g	试样针、片状颗粒含量/(%)
①	②	③	④	⑤	⑥=⑤/①
	4.75～9.5				
	9.5～16				
	16～19				
	19～26.5				
	26.5～31.5				
	31.5～37.5				

实验二　粗集料针、片状颗粒含量实验（游标卡尺法）

实验日期：_____　　实验组别：_____　　实验成绩：_____

一、实验目的及原理

二、实验器材

三、实验步骤

四、实验数据记录及分析

粗集料针、片状颗粒含量实验记录表

实验日期：　　年　　月　　日

试样名称			试样编号		
试样总质量/g	粒级/mm	各粒级质量/g	各粒级针、片状颗粒质量/g	试样针、片状颗粒总质量/g	试样针、片状颗粒含量/(%)
①	②	③	④	⑤	⑥=⑤/①
	4.75~9.5				
	9.5~16				
	16~19				
	19~26.5				
	26.5~31.5				
	31.5~37.5				

实验三　粗集料磨耗实验(洛杉矶法)

实验日期：_____　　实验组别：_____　　实验成绩：_____

一、实验目的及原理

二、实验器材

三、实验步骤

四、实验数据记录及分析

粗集料磨耗实验记录表（洛杉矶法）

实验日期：　　年　　月　　日

试样名称			试样编号			
实验次数	装入圆筒中的试样质量 m_1/g	磨耗后留在孔径1.7 mm 筛上的烘干试样质量 m_2/g	磨耗率/(%) $Q=\dfrac{m_1-m_2}{m_1}\times100\%$			备注
			单值	测定值		
①						
②						

实验四　粗集料压碎值实验

实验日期：_____　　实验组别：_____　　实验成绩：_____

一、实验目的及原理

二、实验器材

三、实验步骤

四、实验数据记录及分析

压碎值实验记录表

实验日期： 年 月 日

试样名称		试样编号			
实验次数	实验前试样质量 m_0/g	实验后通过 2.36 mm 筛孔的细料质量 m_1/g		压碎指标值 $Q'_a/(\%)$	
				单值	平均值
①					
②					
③					

实验五 岩石单轴抗压强度实验

实验日期：_____　　实验组别：_____　　实验成绩：_____

一、实验目的及原理

二、实验器材

三、实验步骤

四、实验数据记录及分析

岩石抗压强度实验记录

实验日期：　　年　　月　　日

试样编号	试件处理情况	试件尺寸/mm				试件截面面积/mm²	极限荷载 P/N	抗压强度/MPa	平均抗压强度/MPa	备注
		长	宽	直径	高					
1										
2										
3										
4										
5										
6										

实验六　粗集料密度实验（网篮法）

实验日期：_____　　实验组别：_____　　实验成绩：_____

一、实验目的及原理

二、实验器材

三、实验步骤

四、实验数据记录及分析

粗集料密度实验记录表

实验日期：　　年　　月　　日

实验次数	水中质量/g	表干质量/g	烘干质量/g	水温/℃	表观相对密度	表干相对密度	毛体积相对密度	表观密度/(g/cm³)	表干密度/(g/cm³)	毛体积密度/(g/cm³)	吸水率/(%)
①											
②											
平均值											

实验七　细集料表观密度实验(容量瓶法)

　　实验日期：_____　　实验组别：_____　　实验成绩：_____

一、实验目的及原理

二、实验器材

三、实验步骤

四、实验数据记录及分析

细集料表观密度实验记录表

实验日期： 年 月 日

试样名称				试样编号			
实验次数	试样烘干质量 m_0 /g	试样+水+容量瓶质量 m_2 /g	水+容量瓶质量 m_1 /g	水温 /℃	砂的表观相对密度 γ_a		砂的表观密度 ρ_a /(g/cm³)	
					单值	测定值	单值	测定值
①								
②								

实验八　细集料筛分实验

实验日期：_____　　实验组别：_____　　实验成绩：_____

一、实验目的及原理

二、实验器材

三、实验步骤

四、实验数据记录及分析

细集料筛分实验记录表

实验日期：　　年　　月　　日

试样名称						试样编号			
试样质量 /g	筛孔尺寸 /mm	各筛存留质量/g			分计筛余 a_i /(%)		累计筛余 A_i /(%)		通过率 P_i /(%)
		第一次	第二次	平均					
	底盘								
	合计								
细度模数 $M_x =$ ———————————————— $=$									

根据细度模数 M_x 确定该砂为_____砂。
（粗砂：$M_x = 3.7 \sim 3.1$　中砂：$M_x = 3.0 \sim 2.3$　细砂：$M_x = 2.2 \sim 1.6$）
由 0.6 mm 筛的累计筛余百分率确定的级配区为_____。

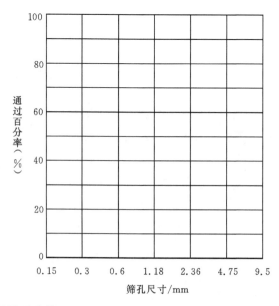

判断该细集料级配是否合格_____

实验九　粗集料堆积密度及空隙率实验

实验日期：_____　　实验组别：_____　　实验成绩：_____

一、实验目的及原理

二、实验器材

三、实验步骤

四、实验数据记录及分析

粗集料堆积密度实验记录表

实验日期：　　年　　月　　日

试样名称									
			试样编号						

实验次数	容积筒容积 V /L	容积筒质量 m_1 /kg	容积筒+试样总质量 m_2/kg			试样质量 $m=m_2-m_1$ /kg	堆积密度 ρ /(kg/L)	
			自然	振实	捣实		单值	平均值
①								
②								

实验十　细集料堆积密度及紧装密度实验

实验日期：_____　　实验组别：_____　　实验成绩：_____

一、实验目的及原理

二、实验器材

三、实验步骤

四、实验数据记录及分析

堆积密度或紧装密度实验记录表

实验日期： 年 月 日

试样名称				试样编号		
实验次数	容量筒容积 V /mL	容量筒质量 m_0 /g	容量筒和堆积密度砂总质量 m_1 /g	容量筒和紧装密度砂总质量 m_2 /g	堆积密度 ρ /(g/cm³)	紧装密度 ρ' /(g/cm³)
①						
②						
平均值						

砂石材料技术性质实验思考题

1. 针片状颗粒的含量测定中规准仪法和游标卡尺法的适用范围有什么不同？

2. 粗集料的表观密度、表干密度和毛体积密度有什么区别？水泥混凝土材料常用哪种密度？

3. 网篮法测粗集料密度实验中溢流水阀的作用原理是什么？

4. 当石料中有水溶性成分时采取什么方法测得需要的密度值？

5.粗细集料堆积密度的测量过程中分别如何找平?

6.砂、石空隙率在混凝土配合比设计中有何意义?

水泥的技术性质

实验一　水泥凝结时间实验

实验日期：_____　　实验组别：_____　　实验成绩：_____

一、实验目的及原理

二、实验器材

三、实验步骤

四、实验数据记录及分析

水泥凝结时间实验记录表

实验日期：　　年　　月　　日

试样名称								
品种及等级					生产厂家			

实验次数	开始加水拌和时间/(h,m)	初凝			终凝		
		试针沉入距底板的高度/mm	出现初凝现象的时间/(h,m)	初凝时间/min	试针沉入深度/mm	出现终凝现象的时间/(h,m)	终凝时间/min
①							
②							
结论							

实验二　水泥体积安定性实验（雷氏夹法）

实验日期：_____　　　实验组别：_____　　　实验成绩：_____

一、实验目的及原理

二、实验器材

三、实验步骤

四、实验数据记录及分析

水泥安定性实验记录表

实验日期： 年 月 日

试样名称		试样编号			
品种及等级		生产厂家			
实验次数	实验前雷氏夹针尖间距 A/mm	实验后雷氏夹针尖间距 C/mm		增加距离 $C-A$/mm	
				单值	测定值
①					
②					
结论					

实验三　水泥细度实验

实验日期：_____　　实验组别：_____　　实验成绩：_____

一、实验目的及原理

二、实验器材

三、实验步骤

四、实验数据记录及分析

水泥细度实验记录表

实验日期： 年 月 日

试样名称						
品种及等级				试样编号		
				生产厂家		
干筛法或负压筛法	实验次数	试样质量 m /g	筛余质量 m_0 /g	筛余百分率(%) $A=\dfrac{m_0}{m}\times 100\%$		结 论
	①					
	②					

实验四　水泥标准稠度用水量实验

实验日期：_____　　实验组别：_____　　实验成绩：_____

一、实验目的及原理

二、实验器材

三、实验步骤

四、实验数据记录及分析

标准稠度用水量实验记录表

实验日期： 年 月 日

试样名称				试样编号	
品种及等级				生产厂家	
实验次数	水泥用量 /g	用水量 w /mL	试杆下沉深度 距底板距离 S/mm		标准稠度用水量(%) $P=\dfrac{w}{500}\times 100\%$
①	500				
②	500				

实验五　水泥胶砂强度实验（ISO 法）

实验日期：_____　　实验组别：_____　　实验成绩：_____

一、实验目的

二、实验器材

三、实验步骤

四、实验数据记录及分析

水泥胶砂强度实验记录表

实验日期： 年 月 日

试样名称										
品种及等级						生产厂家				

试件编号	龄期/d	抗折强度					抗压强度			水泥强度等级
		破坏荷载/N	支点间距/mm	试体尺寸		抗折强度R_f/MPa	破坏荷载F_c/N	受压面积A/mm²	抗压强度R_c/MPa	
				宽度/mm	高度/mm					
①										
②	3									
③										
④										
⑤	28									
⑥										
结论										

水泥的技术性质实验思考题

1. 测定水泥的凝结时间和体积安定性时,为何采用标准稠度?

2. 水泥凝结时间测定在实验方面如何认定?凝结时间在施工中有何意义?国家标准如何规定六种通用水泥的凝结时间?

3. 安定性试饼的标准形状尺寸是如何规定的?分别叙述用标准法和试饼法测水泥安定性,结果如何判别?

4. 雷氏夹膨胀仪的标定方法是什么?用雷氏夹测定水泥安定性时加配重的目的是什么?

5.负压筛的孔径为多少？在负压筛析过程中用手敲击筛盖的目的是什么？

6.哪些因素影响水泥标准稠度用水量测定的准确性？

7.硅酸盐水泥胶砂强度测定为什么要使用标准砂且与水泥成固定比例？

水泥混凝土配合比实验

实验一　水泥混凝土试件制作及拌和物坍落度实验

实验日期：_____　　实验组别：_____　　实验成绩：_____

一、实验目的

二、实验器材

三、实验步骤

四、实验数据记录及分析

初步配合比及每立方米混凝土中各材料用量

混凝土配制强度 R_h		MPa	水泥用量 C_0		kg
水灰比 W/C			砂用量 S_0		kg
质量比（水泥∶砂∶石∶水）			石子用量 G_0		kg
用水量 W_0		kg	每立方米混凝土计算密度 $\rho_h = C_0 + S_0 + G_0 + W_0$		kg/m³

试拌及和易性实验记录表

实验日期：　　年　　月　　日

试拌			调整后拌和		
试拌数量		m³	重拌数量		m³
水泥用量		kg	水泥用量		kg
砂用量		kg	砂用量		kg
石子用量		kg	石子用量		kg
计算用水量		kg	实际用水量		kg
实测坍落度		mm	重测坍落度		mm
和易性观察	棍度		和易性观察	棍度	
	砂率			砂率	
	黏聚性			黏聚性	
	保水性			保水性	

实验二　水泥混凝土立方体抗压强度实验

实验日期：_____　　实验组别：_____　　实验成绩：_____

一、实验目的

二、实验器材

三、实验步骤

四、实验数据记录及分析

混凝土抗压强度实验记录表

实验日期： 年 月 日

试件编号	制件日期	实验日期	龄期/d	试件尺寸/mm			受压面积 A /mm²	极限荷载 P /kN	抗压强度 R' /MPa	换算系数 K	折算标准试件抗压强度 $R=R'×K$ /MPa	
				长 a	宽 b	高 h					单值	测定值

水泥混凝土配合比实验思考题

1. 分情况简述如何调整水泥混凝土拌合物的施工和易性？

2. 坍落度测定的同时，需要目测混凝土拌和物的哪些性质？各自的标准是什么？

3. 水泥混凝土立方体抗压试验中不同强度的水泥混凝土加压速率分别是多少？

沥青的技术性质

实验一 沥青标准黏度实验

实验日期：_____   实验组别：_____   实验成绩：_____

一、实验目的

二、实验器材

三、实验步骤

四、实验数据记录及分析

沥青标准粘度实验记录表

实验日期： 年 月 日

试样名称		试样编号			
品种及等级		生产厂家			
实验次数	流孔直径 /mm	恒温水浴中水温 /℃	实验时试样温度 /℃	量筒中隔离剂数量 /mL	试样流出 50 mL 所需时间（黏度）/s
					单值 / 测定值
①					
②					

实验二　沥青布氏旋转黏度实验

实验日期：_____　　实验组别：_____　　实验成绩：_____

一、实验目的

二、实验器材

三、实验步骤

四、实验数据记录及分析

沥青布氏旋转黏度实验记录

实验日期：　　年　　月　　日

试样名称							品种及标号		
转子型号							转子速度		
试样编号	实验温度	仪器常数 K_n	黏度计读数 θ/(Pa·s)				黏度测值 /(Pa·s)		黏度 η_B /(Pa·s)
			1	2	3	平均值			
1									
2									

实验三　沥青针入度实验

实验日期：_____　　实验组别：_____　　实验成绩：_____

一、实验目的

二、实验器材

三、实验步骤

四、实验数据记录及分析

沥青针入度实验记录表

实验日期：　　年　　月　　日

试样名称				试样编号			
品种及等级				生产厂家			

试样名称	试样编号	针入时间/s	实验荷重/g	实验温度/℃	针入度读数/(0.1 mm)			针入度测定值/(0.1 mm)
					第一针	第二针	第三针	

实验四　沥青延度实验

实验日期：_____　　实验组别：_____　　实验成绩：_____

一、实验目的

二、实验器材

三、实验步骤

四、实验数据记录及分析

沥青延度实验记录表

实验日期：　　年　　月　　日

试样名称								
品种及等级					生产厂家			

试样名称	试样组别	实验温度/℃	实验速度/(cm/min)	延度读数/cm			延度测定值/cm
				试件1	试件2	试件3	

实验五　沥青软化点实验（环球法）

实验日期：_____　　实验组别：_____　　实验成绩：_____

一、实验目的

二、实验器材

三、实验步骤

四、实验数据记录及分析

沥青软化点实验记录表

实验日期： 年 月 日

试样名称										试样编号					
品种及等级										生产厂家					
室内温度/℃										烧杯内液体种类					
开始加热时间										开始加热液体温度/℃					
实验次数	加热烧杯中液体在下列各分钟末温度上升记录/℃														软化点/℃		软化点测定值/℃
	1	2	3	4	5	6	7	8	9	10	11	12	13	14	15	钢球一	钢球二	
①																		
②																		

沥青的技术性质实验思考题

1.测量布氏旋转黏度和标准黏度的作用是什么？标准黏度实验在量筒中加肥皂水的目的是什么？

2.沥青针入度实验时试样在水中的温度应控制在多少度？未另行规定时标准针、针连杆与附加砝码合重多少克？

3.沥青延度实验如何判段并调整水与沥青的密度比？针入度实验中三针的距离与布局有何要求？为何每次实验均需用煤油擦洗针头？

4.软化点实验中对水温的升温速率的要求是什么？

沥青混合料设计实验

实验一 沥青混合料理论最大相对密度实验(真空法)

实验日期：_____ 实验组别：_____ 实验成绩：_____

一、实验目的

二、实验器材

三、实验步骤

四、实验数据记录及分析

沥青混合料理论最大相对密度实验(真空法)记录表

实验日期：　　年　　月　　日

试样名称								
品种及等级					生产厂家			

试样编号	容器类型	干燥试样在空气中质量 m_a/g	负压容器在25℃水中质量 m_1/g	装满25℃水的负压容器与试样质量 m_b/g	试样理论最大相对密度	试样在25℃水中理论最大密度测值 $\rho_t = \gamma_t \times \rho_w$ /(g/cm³)	理论最大密度测值 /(g/cm³)	理论最大相对密度测值
1								
2								

实验二　沥青混合料车辙实验

实验日期：_____　　实验组别：_____　　实验成绩：_____

一、实验目的

二、实验器材

三、实验步骤

四、实验数据记录及分析

沥青混合料车辙实验记录表

实验日期: 年 月 日

试件编号	试件尺寸 /mm			试件毛体积相对密度	理论最大相对密度	试件空隙率(%)	试件系数 C_2	试验机类型修正系数 C_1	时间 t_1、t_2 /min	变形量 d_1、d_2 /mm	试件动稳定度测值/(次/min) $D_S = \dfrac{(t_2-t_1)\times N \times C_1 \times C_2}{d_2-d_1}$	动稳定度 /(次/min)
	长 a	宽 b	高 h									

实验三　沥青混合料试件密度实验（表干法）

实验日期：_____　　实验组别：_____　　实验成绩：_____

一、实验目的

二、实验器材

三、实验步骤

四、实验数据记录及分析
　　见后面马歇尔实验记录表。

实验四　沥青混合料试件制作(击实法)

实验日期：_____　　实验组别：_____　　实验成绩：_____

一、实验目的

二、实验器材

三、实验步骤

四、实验数据记录及分析

　　见后面马歇尔实验记录表。

实验五 沥青混合料马歇尔稳定度实验

实验日期：_____   实验组别：_____   实验成绩：_____

一、实验目的

二、实验器材

三、实验步骤

四、实验数据记录及分析

1. 沥青混合料物理和力学性能实验汇总

沥青混合料实验记录

沥青含量(%)	试件编号	试件尺寸			试件质量/g			毛体积相对密度/(g/cm³)	理论相对密度/(g/cm³)	空隙率(%)	饱和度(%)	矿料间隙率(%)	稳定度/kN	流值/(0.1 mm)
		高度/cm	面积/cm²	体积/cm³	空气中	水中	饱和面干							
	1													
	2													
	3													
	平均													
	1													
	2													
	3													
	平均													
	1													
	2													
	3													
	平均													
	1													
	2													
	3													
	平均													
	1													
	2													
	3													
	平均													

2. 根据实验数据绘制沥青用量同稳定度、流值、密度、空隙率、填隙率的关系曲线

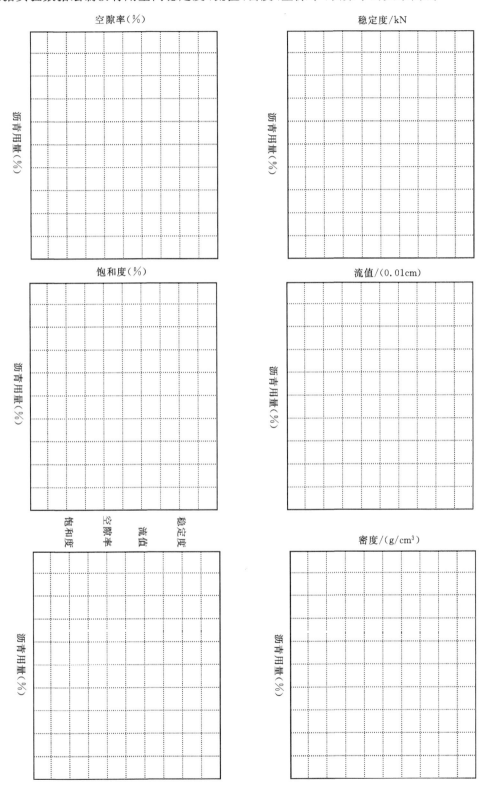

3. 根据关系曲线和技术标准确定最佳沥青用量：

(1) OAC1：

(2) OAC2：

(3) 最佳沥青含量（油石比）OAC：

沥青混合料设计实验思考题

1. 真空法不适用于哪种沥青混合料？该实验在混合料团块分散过程中为什么要防止集料破碎？

2. 车辙实验中轮碾成型后标方向的作用是什么？

3. 马歇尔试件成型时拌合温度、击实温度有什么要求？拌合的加料顺序是什么？标准试件的高度是多少？

4. 马歇尔稳定度测试中试件需要在多少度水浴中保温多长时间？从恒温水槽中取出试件至测出最大荷载值的时间，不得超过多少？